—ACTION BOOKS—

NIGHT BADLY WRITTEN

—POEMS 2000–2015—

VÍCTOR RODRÍGUEZ NÚÑEZ

EDITED AND TRANSLATED BY KATHERINE M. HEDEEN

Action Books

Joyelle McSweeney and Johannes Göransson, Editors
Zachary Anderson and Chris Muravez, 2015-2017 Editorial Assistants
Grace Polleys and Jeannie Yoon, 2016-2018 Editorial Assistants
Andrew Shuta, Book Design

night badly written: poems 2000-2015
by Víctor Rodríguez Núñez
translated by Katherine M. Hedeen

First Edition

ISBN: 9780900575969

Library of Congress Control Number: 2016962959

Action Books is housed at the University of Notre Dame, Department of English, 356
O'Shaughnessy Hall, Notre Dame, Indiana, 46556

Visit us at actionbooks.org.

Víctor Rodríguez Núñez

LA NOCHE MAL ESCRITA
NIGHT BADLY WRITTEN

poems   2000–2015

EDITED   AND   TRANSLATED BY
Katherine M. Hedeen

Action Books, Notre Dame, Indiana, 2017

TABLE OF CONTENTS

acknowledgements

i de *actas de medianoche I*/ from *midnight minutes I*

ii de *actas de medianoche II*/ from *midnight minutes II*

iii de *tareas*/ from *tasks*

iv de *reversos*/ from *reverses*

v de *deshielos*/ from *thaw*

vi de *desde un granero rojo*/ from *from a red barn*

i [unos ojos que le han robado al cielo]
i [a pair of eyes that have stolen from the sky]

ii [la seta en el montón de limadura]
ii [the toadstool atop the heap of filings]

vi [ninguna calle llevará tu nombre]
vi [no street shall bear your name]

vii de *despegue*/ from *departure*

ACKNOWLEDGEMENTS

Versions of some of these poems have been published in the following, whose editors the translator would like to thank: *Asymptote* (2014), *Brooklyn Rail InTranslation* (2012), *Jai-Alai Magazine* 8 (2013), *The Kenyon Review Online* (2010), *Poetry* 205.2 (2014), *Poetry Wales* 45.1 (2009) and 46.3 (2011), *Rio Grande Review* 47 (2016), *Salt Magazine* 3 (2010), *tasks* (coimpress, 2016), *Truck* (2013), *The Wolf* 27 (2013) and 28 (2013).

i

de *actas de medianoche I*
from *midnight minutes I*

uno

para Ida Vitale y Enrique Fierro

su luz sin otra música
Eugenio Florit

Puerta que cierra y abre
para que tu sombra no pueda entrar
Y así seguir sumidos en la luz
que todo lo embrutece
No eres línea
                espiral o círculo
Tú jamás has sido representada
Eres tiempo vacío
                  en series paralelas
Espacio numerado por el ritmo
Sombra que se espiritualiza
                      Luz
que sueña ser materia
De una astilla de hueso

Puede hacerse la noche
Un río recordado
                  esta frazada roja
Puede formarse de una gaviota insomne
Un sueño de vecino
                  esta orilla oxidada
De un viento obsesionado
puede hacerse la noche
Un tren que no ha partido
                    esta luna sin sal
Una luz que se apaga
                debe cambiarlo todo
Es algo más que la cifra de muerte
tachada a medianoche

one

for Ida Vitale and Enrique Fierro

her light with no other music
Eugenio Florit

Door closing opening
so your shadow can't come in
And still to be immersed in light
dulling it all
You're no line
                spiral or circle
You've never been represented
You're time vacant
                    in parallel sequences
Space numbered by rhythm
The shadow spiritualizing
                    Light
dreaming of being matter
Night can be crafted

From bone chip
A recollected river
                    this red blanket
Can take the shape of a sleepless gull
A neighbor's dream
                    this rusty shore
Night can be crafted
from a wind obsessed
A train not yet departed
                    this saltless moon
A light dying down
                    ought to change it all
It's more than death's cipher
crossed out at midnight

No te encuentre sin forma
Es uno de esos gestos
involuntariamente arrinconados
que se vuelven razón y nos asustan
el día menos sentido
                              Objeto de la noche
La sombra hierve
                    Hay salpicaduras
de ti por todas partes
Ese vapor condensado en la sed
Húmeda irradiación
                          incendio por venir
Sobre todo ese aroma
                          de alba chamuscada

Todo está inscrito
                    en esta quemadura
La sombra te describe
con voluptuosidad de copista medieval
en rasgos que vomita
un resplandor de huesos encontrados
Esas líneas sin puntos
                              que convergen en ti
borrosa alma geométrica
Mirada desojada
                    doloroso crochet
Hebra rota de subjetividad
que tu madre ha ensartado
                          en su aguja sin vista

Me deshago del ser
                    me diferencio
grano de oscuridad
Solo falta la noche en esta noche
En cada verso anida una novela

To not find you formless
It's one of those gestures
unwillingly cornered
turned to reason and frightening us
the day least felt
                 Night object
The shadow boils
                   There are splashes
of you everywhere
This thick steam in thirst
Damp irradiation
                fire to come
Most of all this scent
                  of sweltered dawn

Everything's engraved
                in this burn
The shadow describes you
with the sensuality of a medieval copyist
in flourishes vomiting
a brilliance of found bones
These run-on lines
               blending in you
blurred geometric soul
Broken-eyed glance
               painful crochet
Torn by subjectivity a strand
your mother has threaded
                  in her sightless needle

I throw off being
               I stand out
grain of darkness
Only night's missing in this night
In every verse a novel nests

Hay que plantar claveles en tu fértil ombligo
Nada en lo incierto miente
La sombra está en las cosas
                              que no alcanzaron número
Y la luz se despierta con tu eco
Una luz que se apaga
                         te deja verlo todo
En un solo
            irreprochable instante sin fin

Sujeto de la noche
Como la inevitable gota de agua
que resbala de ti y no deja soñar
Esa pura agua negra
                         útil para limar
los sueños abrasivos
Como la mancha creada al cabo por la gota
en su pequeño salto trascendente
La gota que retorna
                         seca de oscuridad
a los entresijos de la impureza
Sale y entra la noche
por las hendijas de tu corazón
Poco me asomo al paisaje agolpado dentro

El cielo rumoroso bajo el puente
la vena que desagua en el reloj
el sol caído entre las azucenas
Por la urdimbre de tu claridad
me alzo hacia al vacío de esta casa
Noche que cala huesos
y te embarra la médula
                         con esa tinta helada
que ni tres soles podrían borrar
Noche de un solo punto
                         pero muy afilado

I ought to plant carnations in your prolific navel
Nothing in doubt lies
Shadow is in the things
                              powerless to reach a number
And light awakens with your echo
A light dying down
                              lets you see it all
In one
          endless blameless instant

Night subject
Like the inevitable water drop
sliding off you not granting sleep
This pure black water
                              fit for polishing
abrasive dreams
Like the stain finally formed by the drop
in its small transcendent rise
The drop returning
                              dry with darkness
to riddles of impurity
Night leaving coming in
through the crevices of your heart
I rarely reach the crowded inner landscape

Noisy sky beneath the bridge
vein emptied into the clock
sun fallen among the lilies
By the warp of your clarity
I rise toward the emptiness of this house
Night pierces bones
smears your marrow
                              with a frozen ink
not even three suns could erase
Night with just one still
                              very sharp point

en la rueda lunar
y que anota en el fémur su mensaje
La muerte te confirma

Una luz que se apaga
tan próxima que nadie puede verla encenderse
tan remota que está dentro de ti
¿Cómo salvar el mundo de la lumbre?
Porque también el mal devana su arco iris
Se nos agota el tiempo
                          dígito por palabra
rabia por transparencia
¿Y cómo salvar la luz de lo sufrido?
Nos queda solo el espacio mal llamado noche
Sombra detenida en esa zona del espejo
que dibuja la ausencia
Sombra sin cicatrices en el tronco
ni mácula de grito

Sombra blanca que contorna la roca
nostálgica de liquen
Sombra desesperada
que con su transparencia persevera
No hay horas para todo
                          lo que omite el desvelo
¿Acaso acabaré siendo la noche?
Madrugada de sílabas
                       once siete catorce
que la arena no cuenta
Tu verdad es la alforja
cruzada sobre el lomo de la luz
Las espuelas hundidas
                       para ningún camino

in the lunar ring
jots down its message on your thighbone
Death confirms you

A light dying down
so close nobody can see it being lit
so distant it's within you
How to save the world from the luster?
Since evil too coils its rainbow
Time's running out for us
                              digit by word
rage by transparency
And how to save light from suffering?
Only the misnamed space of night remains
The shadow held in that stretch of mirror
drawn by absence
The shadow has no scars on its trunk
not even the blemish of a scream

The shadow white outlining rock
nostalgic for lichen
The shadow desperate
determined with its transparency
There isn't time for everything
                              sleeplessness discards
Perhaps I'll end up being night?
Syllable dawn
                eleven seven fourteen
by sand uncounted
Your truth is the saddlebag
over the shoulder of light
Sunken spurs
                for no road

Este relincho pulcro
que lame la espuma de sus ijares
Una luz que se apaga
y que no puedes jamás avivar
aunque viertas el alcohol de la angustia
Tu sueño trascendido
                    Noche sin estaciones
en que el cielo lo ha salpicado todo
En que dios mismo asciende
escaleras de signos
                    Que diluye la sed
con su desborde de ánimas raídas
Noche sin sentimientos
                    de granito

Nada hallará
              el buscador de huesos
con su piqueta de rayos hurtados
Forman capas tectónicas
que solo el río revela
                    un día de crecida
Nada hallará
              el que busca lo otro
en todo este polvero de sombras respiradas
Avaro nocherío
Desde este instante ya no soy la noche
Me deshice de todo
Borré su claridad
              abrí su círculo

This orderly neigh
which licks the foam from its flanks
A light dying down
you'll never rekindle
though you spill the alcohol of anguish
Your transcended dream
                              Seasonless night
where sky's splattered it all
Where god himself climbs
stairs of signs
                    Waters down thirst
with her overflow of raveled souls
Night with no granite
                        feelings

Nothing's found
                    by the bone searcher
with his pick of stolen rays
Tectonic layers form
only unearthed by the river
                              one day swollen
Nothing's found
                    by one in search of the other
in all this dust of shadows inhaled
Miserly darknesses
From this moment on I'm no longer night
I threw it all off
Blacked out her clarity
                        pierced her circle

cuatro

para Antonio Eligio Fernández (Tonel) y Vanessa Kam

la noche que se mira,
no tiene nada que ver con la noche
Jaime Sáenz

La estrella mal herida
               de una sola mirada
Iris vertiginoso
números al revés
             azul de reciclaje
La noche posmoderna
con vísceras de estaño
               un loco cablerío
Veo por mis heridas
que se cierran y abren
              como cifras
La estrella toda ve cómo te miro
Sola la sombra acude
             a beber su cristal

Lo preparé con tus mejores uvas
mis ánimos maduros
                y fermentó de sed
Se lo sirvo en la palabra copa
disuelto en aguanieve
que aún conserva la huella de los ciervos
Y se abrasa los labios
con la oración a Lázaro incumplida
Doble espía
            voy a radiar mi informe
Todo lo que se va por el caño del alba
regresa en el desborde
               impuntual de la luz
No omitiré detalles

four

for Antonio Eligio Fernández (Tonel) and Debora Vanessa Kam

the night that is seen,
has nothing whatever to do with the night.
Jaime Sáenz

Star badly wounded
           from just one glance
Whirling iris
numbers inside out
          recycle blue
Postmodern night
with tin entrails
        a mess of wiring
I see through my wounds
closing opening
        like ciphers
The whole star sees how I glance at you
Lonesome shadow comes
           to sip her crystal

I've made it with your best grapes
my ripened spirits
         it's fermented from thirst
I serve it in the word glass
dissolved in sleet
still preserving the traces of deer
And it scorches her lips
with the prayer to Lazarus unanswered
Double agent
        I'll radio my report
Everything gone down dawn's drain
comes back at the last minute
          overflow of light
I won't leave out the details

Porque una sola noche explica el mundo
El lenguaje los números
que se deben encajar en el cielo
Hilachas que armonizan
con tu conversación áspera de silencio
Peldaños de una escalera que no
sirve para caer
y que da vértigo a la misma sombra
La estrofa cruje
                nos recuerda ser
algo más que materia organizada
El caserón en nervio
que atravesó la noche
                      sin ritmo del ciclón

Mas nos defiende contra ese viento sin norte
que amuela sus navajas en el quicio
Y muere por tajar
la fracción de esquina hasta la médula
Ante ti el vacío que repele la sombra
Esa nada que arde
                    como sudor de luz
en los ojos tachados
La poca sal que soy y de ti se sacude
La vela con que vengo
alumbrando los ánimos se apaga
Noventa y nueve céntimos de lumbre
azul de Yemayá
                  amarillo de Ochún

Una semana entera sobre todos los libros
tiznando el cielo raso
Llama que seguirá quemando besos
cuarteados por su tersa lucidez
Con toda mi piel oigo

Since just one night explains the world
Language numbers
forced to fit in the sky
Loose threads harmonize
with your conversation rough from silence
Stairsteps useless
for falling
they even make the shadow dizzy
The strophe creaks
                    reminds us of being
something more than organized matter
The big house nerves laid bare
crossed by night
                    no hurricane rhythm

Still it defends us against that northless wind
whetting its switchblades on the doorsill
Dying to cut
this fraction of corner to the marrow
Before you the shadow repelled by emptiness
This nothingness burning
                        like light sweat
in eyes crossed out
The bit of salt I am shakes free of you
The candle I've used
to illume the spirits dies down
Ninety nine cents of luster
Yemayá blue
            Ochún yellow

A whole week above each book
blackens the ceiling
Flame still burns kisses
cracked by her smooth lucidity
With every inch of my skin I hear

cómo rasga la luz las fibras de la noche
Sonido que confirma
mi torpe desnudez y que te viste
de espalda a las estrellas
                          Noche sin estampar
cundida por esos claveles vagos
que aún huelen a luz
Tu obsesión con lo oscuro
es solo la obsesión de lo abierto conmigo

Malas artes poéticas
A pedrada limpia entresaco ondas
al fulgor estancado
Hay aguas más profundas que la fe
y el fango de cordura
La noche es lucidez mas compasiva
sin los brazos en cruz
Un nudo marinero
hecho con el haz de rayos cegados
La sombra calculada
                          arrugando el papel
Ya no hay trazas de ti
y el ansia de la nieve contenida
impide respirar

Hasta de las ramas más bajas gotea el cielo
residuo de imagen que se evapora
Tedio recién pulido
                          con borras de relámpago
Nubes por escanciar
La tristeza en los músculos
                                   tu fractura en el alma
Ni la noche ni yo
podemos sin esta reflexión que nos enciende
Cómo hacerlo sin anular las huellas

how light scratches at night's filaments
Sound confirms
my clumsy nakedness dressing you
back to the stars
                    Night unstamped
riddled with those vague carnations
still smelling of light
Your obsession with darkness
is only the open's obsession with me

Ars poeticas gone wrong
With nothing but stones I sift through waves
in the stagnant glow
There are waters deeper than the faith
and mire of reason
Night is a more merciful lucidity
with arms unspread
A sailor's knot
tied with sheaves of blinded bolt flashes
Calculated shadow
                        wrinkles the paper
There's no more hint of you
and snow's curbed longing
hinders breath

Even from the lowest branches sky drizzles
residue of an evaporating image
Tedium newly polished
                        with dregs of lightning
Clouds to pour
Your sadness in my muscles
                            your fracture in my soul
Night and I
can't manage without this reflection to ignite us
How to do so if not to call off the traces

que lo han bordado todo
                            con un sentir abstracto
Ni la noche ni tú consiguen derramarse
descarnados en luz

En mi balcón simbólico
garabateo la sombra
                        Un sueño
del que me han despojado los vecinos
Una página en blanco que me ensucia
Una luz sin usar envuelta por el ser
Unos ciervos sedientos que me afano en rayar
Este plano del otro donde soy omitido
Se acumulan insomnios
todo huele a reseda
                            Cadencia en cada nudo
sentido imprevisible
Mas entonces el viento desordena
lo que esconde la luz

Hasta las piedras más sensuales son
desvelo acumulado
Y las sombras desnudas nos alumbran
Me pregunto noche despabilada
sin luceros ni bronca de vecinos
La tormenta en el vaso de palabras
¿amainará conmigo?
¿Solo un magro papel que reverbera
junto al hueso soñado?
¿Se fundirá el soneto en tu carbón?
No sabes que la vida
ha pasado otra vez sin recordarme
Clérigo infiel
                        yo solo sigo un ritmo

that embroider it all
                        with an abstract sense
Night and you can't manage to overflow
bareboned in light

On my symbolic balcony
I scribble shadow
               A dream
I've been stripped of by the neighbors
A blank page to sully me
A brand new light shrouded by being
Some thirsty deer I work to scratch out
The other's blueprint where I'm erased
Insomnias pile up
everything smells of mignonette
                              Cadence in each knot
unforeseeable sense
But then the wind ruffles
what's concealed by light

Even the most sensual stones are
stores of wakefulness
And naked shadows illuminate
I wonder night roused
starless no neighbors' bickering
The tempest in a teapot of words
will it die down with me?
Just a meager sheet of paper echoing
alongside a dreamt-of bone?
Will the sonnet melt in your coal?
You don't know that life
has passed by forgetting me once more
Unfaithful cleric
               I follow just one rhythm

Algo lo opaca con el corazón
que acecha entre jardines por tejer
Algo lo deja azul
con la idea que hace oler a las rosas
Un lirio que desafía la aurora boreal
Un otoño que el viento nos está echando en cara
El ritmo irregular
que al cabo restablece la armonía
A escondidas de mí
he robado tus sílabas contadas
Todos vamos sin prisa como cebras
camino del pesebre inmaculado
Y la noche incurable
de pronto se encabrita con los números

¿Quién recoge conmigo la armonía en el polvo?
Oscuridad dialógica
que no escucha a la luz despotricar
No se discuta más
La sombra siempre tiene la razón
Vuelvo a medir el tajo del vacío en tu cuerpo
a ver si me equivoco
                          De ninguna manera
la noche son tres números impares
el ritmo que te extraña
El pulso atento
                    el insomnio más afilado
Nadie ha podido doblegar la sombra
ponerla de rodillas ante una sola luz

Something darkens it with a heart
lying in wait among gardens still unwoven
Something renders it blue
with the idea that gives roses their scent
An iris challenging the aurora borealis
An autumn thrown in our face by the wind
The irregular rhythm
finally restoring harmony
Behind my back
I've stolen your counted syllables
We all go slowly like zebras
on our way to the immaculate Nativity
And the incurable night
suddenly gets riled by the numbers

Who will pick up with me the harmony in the dust?
Dialogic darkness
deaf to light's rant and rave
It's not worth discussing
The shadow is always right
Once more I read the cut of emptiness on your body
to see if I'm mistaken
                    There's no way
night is three odd numbers
rhythm missing you
Mindful pulse
                sharpest insomnia
Nobody's been able to break shadow
bring her to her knees before just one light

ii

de *actas de medianoche II*
from *midnight minutes II*

once

para Alex Fleites e Isabel Cristina Espinosa Escala

debe abrir el silencio
con su llama desnuda
João Cabral de Melo Neto

De cara al sur
                trabajo para ganar la noche
Una brisa salada
                  inofensiva
descorre el firmamento
Poleas y relámpagos
                    nieves que nadie ordena
claveles de dos mundos
Grafía nebulosa
                la tramoya del cielo
Y la estrella polar
                titilando en la hierba
me cuida las espaldas
Esta noche la noche que ya tengo perdida

El pequeño tomate
                rayado como tigre
me traduce lo que no dijo el sol
Y las alas de ángel
                sin erratas
me revelan lo que arde en la ceniza
La palma no interrumpe
                mas inscribe
tu prodigiosa sed en esta página
La intemperie
            el más acá
                lo otro
En realidad solo habla la sombra
con mi silencio pulcro

eleven

for Alex Fleites and Isabel Cristina Espinosa Escala

silence must open
with its naked flame
João Cabral de Melo Neto

Facing south
                  I work to earn night
A salty harmless
              breeze
draws back the firmament
Pulleys and lightning bolts
                            snows nobody has ordered
carnations from two worlds
Nebulous graph
                 sky's stage machinery
And the North Star
                    flickering in the grass
has my back
Tonight night I've already lost

The tiny tomato
                tiger-striped
translates for me what the sun didn't say
And the angel wings
                   free of misprints
let slip what's burning in the ash
The palm tree doesn't interrupt
                        but engraves
your prodigious thirst on this page
Inclemency
             the here and now
                  the other
The shadow only speaks in fact
with my organized silence

Y el crujir de tus sueños
La sombra analfabeta
porque lo sabe todo
                        y cuando no lo escribe
Noche manuscrita
                    que me das fuego
para espantar el fiel lugar común
Por ti las cosas arden
hasta el rencor
                    con simétricas llamas azules
Y esas crepitaciones
de médulas rigurosamente calcinadas
pueden cegar estrellas
Un poema conmigo pero ya no de mí

La sombra tira de todas las cuerdas
en cada hueso sopla
                        percute en ningún ritmo
Un poema deshecho con el alma de punta
El viento una vez más
acarrea esa nada que lo perfuma todo
Pero las hojas del palo de Hawái
son de otra opinión
Se estremecen cargadas de sentido
Sienten el soplo abstracto
con que la noche anhela
desvanecerse en tus contradicciones
Hoy tiene la razón el sentimiento
Hay demasiada ausencia que partir

Albas diplomas kilómetros hijos
Tras muchas precisiones
solo esta alternativa desvelada
Doble filo de la ambigüedad
                            con que me tajo

And the creaking of your dreams
The shadow is illiterate
since she knows everything
                              writes when she doesn't
Manuscript night
                 lights me up
to frighten the faithful commonplace
Things burn for you
even rancor
                with symmetrical blue flames
And those cracklings
of harshly charred marrows
could blind stars
A poem with me but no longer mine

The shadow pulls at all the cords
blows on each bone
                              rhythmlessly beats
A poem unraveled its soul on end
Wind once more
carries the all-perfuming nothingness
But the Hawaiian stick leaves
have a different opinion
They tremble laden with meaning
they feel the abstract gust
night yearns
to vanish in your contradictions with
Today feeling is right
There's too much absence to share

Dawns diplomas kilometers children
After so many precisions
only this sleepless alternative
Ambiguity's double edge
                         I use to slice myself in two

Algo rompe a cantar
en la zona perdida por la sombra
Ventanas encendidas
de algún infiel que esculpe
otra cara del mundo
Estaré aquí pendiente de tu luz
hasta que nada cambie
Yo soy la relación
entre la punta mellada de un lápiz

Y la página en blanco de la noche
Lo que inscribo en los márgenes
de toda claridad
                    toda ilusión
Yo canto aunque despierte
la mujer del vecino
Mi desvelo será este silencio
que no deja morir
Nada tiene sentido menos la sombra
Con sus rimas algo dice el relámpago
Al viento dan las comas un aire de soneto
Está lloviendo y punto
Hoy me he vuelto al revés
y cada sílaba es una costura

Puntadas asimétricas
                    hilos en desconcierto
Un objeto que encanta
todo sujeto desencantado
La noche sus mitades
                    sobre la tabla escrita
Esas partes idénticas
que extrañan la unidad y no lo sienten
Desgarrados que solo
tú pudieras coser con esta aguja

Something breaks into song
in the area lost to shadow
Lit up panes
of some infidel sculpting
another face of the world
I'll be here awaiting your light
until nothing changes
I'm the link
between the jagged pencil point

And night's blank page
What I mark on margins
of total clarity
                all of it dreams
I sing though I awaken
the neighbor's wife
My sleeplessness will be this silence
that won't let you die
Nothing makes sense but shadow
Lightning bolt says something with its rhymes
Commas lend wind an air of sonnet
It's raining period
Today I've turned inside out
and every syllable is a seam

Asymmetrical stitches
                threads in discord
An object that enchants
any disenchanted subject
The night its halves
                on the written boards
Those identical parts
long for unity but they don't care
Torn so only
you might sew with this needle

La noche cercenada
mis hijos que desamparo y extraño
Estoy en todas partes
                    vórtice de la luz

No existo sin tu ausencia
sombría secreción
Existo porque busco
                    articular silencios
Yo soy un resplandor
de la nada ardorosa
El poema no es
                    un barco a la deriva
náufrago de horizonte
Es el agua rasgada
                    corrientes viscerales
toda esta luz de fondo
Espumante dolor
en las playas del otro sin espumas

Noche disociada
                    que se repite
Mester de extranjería
elevado en un sótano calcinado de frío
Luz piramidal
                    arenas contadas
Irregular columna
que sostiene la ausencia de crepúsculo
No sé leer las rocas
                    no sé escribir la nieve
Solo busco la lengua
que le enseñé al olvido
Vine a guardar silencio
                    No hay nada sino estar

Severed night
my children I've abandoned and miss
I'm everywhere
                light's vortex

I don't exist but for your absence
somber secretion
I exist because I seek
                to articulate silences
I'm a glow
of burning nothingness
The poem isn't
                a vessel adrift
horizon shipwrecked
It's water frayed
                visceral currents
all this swelling light
Frothing ache
on the other's foamless beaches

Night disjoined
                repeats
Craft of otherness
raised in a basement scorched with cold
Pyramid light
                tallied sands
Uneven column
bears twilight's absence
I can't read rocks
                I can't write snow
I only seek the language
I taught oblivion
I came to keep quiet
                There's nothing else but to flow

A un lado de la noche que no pasará en vano
escuchando a la nada
su espléndido discurso
                              Sobre el ser
Ni una sílaba más por desgranar
La penumbra recupera el aliento
ordena el desvarío
No hay una sola muesca
en su rostro de firme palidez
Ni una cicatriz por donde se filtre
el lúcido rocío
Y no hay luz que ensombrezca
el relumbre de tanta oscuridad
Lo dejo todo aquí

Ni mi sombra en la página
Soy creación de la noche
                              desvelada materia
que se afirma a sí misma
Algo más que un bello apalabramiento
cuerpo almado
                    alma corporeizada
Algo más que la cópula
en la vieja escalera
                              del verbo con su sombra
Estas notas al margen de la luz
Puro texto ilegible
                        sin tu respiración
La noche mal escrita

To one side of night not spent in vain
listen to nothingness
its splendid discourse
                              On being
Not a syllable more to shell
Penumbra catches its breath
orders delirium
There's not one nick
on its firm pale face
Not even a scar to seep
the lucid dew
And there's no light to shadow
the glare of so much darkness
I leave it all here

Not even my shadow on the page
I'm a creation of night
                              sleepless matter
affirming itself
Something more than a beautiful wordiness
souled body
                  bodied soul
Something more than the copula
on the old staircase
                              of the word with its shadow
These notes at the margin of light
Pure illegible text
                        minus your breathing
Night badly written

trece

para Leonardo Padura Fuentes y Lucía López Coll

y por la luz arriba la palmera
Eduardo Carranza

Yo soy de los que mueren ocho horas al día
y renacen en ti
                        Me salgo del estuche
me quito la etiqueta fluorescente
Tú eres la alienación que se desnuda
jamás vuelta de espaldas
En tu seno converjo con los otros
en un mismo rumor
                        Ya no soy mercancía
solo valor de uso
Envuelto en tu implacable humanidad
sin máscara respiro
La claridad me oprime más que el dueño
Me reprime la luz más que el psiquiatra

La sombra no es de nadie
                        ni siquiera de ti
Las noticias no pueden
hacerla estremecer ni arrepentirse
La sombra fulge fuera del mercado
no se vende ni alquila
Ni los venados pueden rumiarla
como a esos folios verdes
La sombra no es de todos
Evade a los que anhelan
echársela al bolsillo
                        lavar culpas en luz
La sombra es zurda
                        y sin valor de cambio

thirteen

for Leonardo Padura Fuentes and Lucía López Coll

and by the light up there the palm tree
Eduardo Carranza

I'm one of those who die eight hours a day
and are reborn in you
                    I escape the case
take off my fluorescent tag
You're alienation undressing
your back's never turned
At your breast I converge with the others
in the same murmur
                    I'm no longer merchandise
only use value
Wrapped up in your relentless humanity
maskless I breathe
The clarity oppresses me more than the owner
I'm repressed more by the light than the psychiatrist

The shadow is nobody's
                    not even yours
The news can't
make her shiver or regret
The shadow glows outside the market
isn't sold or rented
Not even the deer can chew her
like those green folios
The shadow isn't everyone's
She dodges those who long
to put her in their pocket
                    wash away sins in light
The shadow is southpaw
                    has no exchange value

Ofrece otra riqueza
                    por dios no la malgastes
La noche es mi jornada laboral
No hay sirenas que denuncien el cierre
o anuncien la apertura
La noche es mi célula mi núcleo
Ya no hay orientaciones
nada cae del cielo
                    nadie levanta el acta
La noche es mi estructura sindical
De esta forma me integro con los astros
el rielar de tu luna
Vierto todo en la sombra
                    claves del subjuntivo

Colibríes que emigran con la luz
La sombra me devuelve
                    diálogos académicos
ardillas que no vienen a comer
Sin palabras cambiamos
tesoros de inorgánica basura
podredumbres que el otoño recicla
La noche no es servil
mete la pata en todas las reuniones
La noche no es hipócrita
y siempre está en problemas con el jefe
La noche no es civil
se vuela su turno para hablar y vocifera
La noche nunca será promovida

Será solo la noche
La sombra es transparente
se le ven las venas a la verdad
Vale menos el oro que la nieve oxidada
Vale tanto un cocuyo como una estrella negra

Offers another kind of wealth
                              for christ's sake don't misspend her
Night is my workday
No sirens to sound the closing
or announce the opening
Night is my cell my nucleus
No more directions
nothing falls from the sky
                         nobody drafts the minutes
Night is my syndicate structure
That's how I blend with the stars
the shimmering of your moon
I spill it all in shadow
                    keys to the subjunctive

Hummingbirds emigrate with light
The shadow returns to me
                         academic dialogues
squirrels that don't come to eat
Wordless we exchange
treasures of inorganic trash
rot recycled by autumn
Night isn't servile
slips up at all the meetings
Night isn't hypocritical
always in trouble with the boss
Night isn't civil
won't wait her turn to speak and then yells
Night won't ever be promoted

She'll just be night
The shadow is see-through
you can see truth's veins
Gold's worth less than rusty snow
A glowfly's worth as much as a black star

Vale más tu sonrisa
que este desvelo por la perfección
La sombra no es jerárquica
reta las disciplinas de la luz
Es campesina obrera intelectual
Mi género desnudo
                     mi etnia sin colores
A la noche la hacemos entre todos
los que ha humillado el día

Es rencor enraizado que florece en invierno
El amor que dimos y nadie devolvió
Es obra colectiva
                mi copia original
No por causalidad me he vuelto sombra
¿El profesor de latín que recibe
a su alumno en el baño?
¿El menonita que suda madera
y borda la jaula de su mujer?
¿La mohicana que está puliendo el cielo
para venderlo al alba?
Yo no espero ser tú sino la sombra
Yo sigo siendo tú si participo
en el levantamiento de la noche

Milito en su partido de putas y mapaches
de ladrones y eclipses
Asisto a sus tertulias en donde se discute
todo desacuerdo con uno mismo
Doy mi contribución
en maíz por nacer y gritos fermentados
La armada de la sombra
me protege de todos los ejércitos
que engendra la razón
                   La noche no es Irak

Your smile's worth more
than this perfect sleeplessness
The shadow's not hierarchical
challenges the light's disciplines
She's peasant worker intellectual
My gender naked
                   my colorless ethnicity
Night's made by all
of us the day's put down

She's rancor deep-rooted and flowering in winter
The love we gave and nobody returned
She's the collective work
                       my original copy
It's no coincidence I've turned to shadow
The Latin professor who meets
his student in the bathroom?
The Mennonite man sweating wood
and embroidering his wife's cage?
The Mohican woman polishing the sky
to sell it to the dawn?
I don't expect to be you but shadow
I keep being you if I'm part
of the night uprising

I'm a member of her party of whores and raccoons
crooks and eclipses
I attend her gatherings where we discuss
every disagreement with ourselves
I contribute
with unborn corn and fermented cries
The shadow's armada
protects me from all the armies
reason has conceived
                 Night isn't Iraq

La noche no es Colombia
La noche no puede ser invadida
Corazón invisible
en las redes de rayos infrarrojos

Aquí resistiré
el avance de toda claridad
No quede nada afuera de la noche
ni siquiera la nada
Fray Luis de León y Lenin comparten
el mismo turbio folio
de mi *Pequeño Larousse Ilustrado*
Alfonso Hernández
                        guerrillero salvadoreño
caído en combate y luego decapitado
cita a T. S. Eliot en su "Escrito en el agua"
Noche sin piñas
                sin llaves sin círculos
Estamos hechos de una sola estrella

Cuando cae la sombra todo se vuelve Cuba
Una ausencia de luz que no me deja ciego
No soy hermano de todo el que juegue
dominó en las esquinas
No soy hermano de todo el que rabie
por una tacita de café recién colado
No soy hermano de todo el que sepa
dar vueltas de casino
La noche no se pone camisetas del Che
ni toca las maracas en un bar
solo para turistas
La noche no lleva pelucas de Celia Cruz
ni fuma tabacos de contrabando
ni sabe a Bacardí

Night isn't Colombia
Night can't be invaded
Invisible heart
in webs of infrared rays

Here I'll withstand
the advance of all clarity
Nothing remains outside night
not even nothingness
Fray Luis de León and Lenin share
the same muddy folio
in my pocket *Larousse Illustrated Dictionary*
Alfonso Hernández
                    Salvadoran guerrilla fighter
fallen in combat and then decapitated
quotes T. S. Eliot in his "Written in Water"
Night with no cliques
                    no keys no circles
We're all made of just one star

When shadow falls everything turns to Cuba
An absence of light that won't leave me blind
I'm no brother to those who play
dominoes on the corner
I'm no brother to those who die
for a little cup of fresh-brewed coffee
I'm no brother to those who know
how to dance Casino
Night doesn't wear Che t-shirts
or play the maracas in some
tourist trap
Night doesn't wear Celia Cruz wigs
or smoke smuggled cigars
or taste like Bacardi

La sombra no me pide pasaporte
carnet de identidad
No requiere visado
      permiso de salida
Solo la noche es libre
      en Miami en La Habana
La noche sin fronteras
      sin irse ni quedarse
La noche sin censura
      ni libertad de prensa
La noche democrática
que quita el sueño al cuadro al disidente
Solo la noche en sí
utópica y abierta en cualquier parte

Sombra rebelde que no da su brazo
a torcer
    aunque escarbe con el lápiz más fino
Noche insubordinada
      hasta contra sí misma
y aunque las tenga todas que perder
no cree en claridades
Sombra contestataria
que testifica con sus insectos y estrellas
y demanda el silencio
Nadie ha podido doblegar la sombra
Ponerla de rodillas ante una sola luz
No habrá revolución
si no dejamos que la noche hable

The shadow doesn't ask for my passport
identification card
Doesn't require a visa for entry
                              or exit
Only night is free
                    in Miami in Havana
Night with no borders
                          no leaving no staying
Night with no censorship
                            or freedom of the press
Night democratic
keeps the cadre up the dissident up
Only night herself
utopian open anywhere

The shadow rebellious won't let her arm
be twisted
              though she unearths with the finest pencil
Night insubordinate
                          even against herself
though she's got everything to lose
she won't believe in clarities
The shadow nonconformist
testifying with her insects and stars
and demanding silence
Nobody's been able to break shadow
bring her to her knees before just one light
There won't be revolution
if we don't let night speak

iii

de *tareas*
from *tasks*

1 [orígenes]

después de todo soy
un aparecido en esta barbería
espejos carcomidos por la sombra
sillones sin entrañas
ventanas con las cruces del último ciclón
barberos que preguntan demasiado
mientras cortan con óxido

barbas de medio siglo
me temen las tijeras
                     soy duro de pelar
yo vengo de otro sueño donde los gallos cantan
exóticos el mapache ladrón
la higiene de los baños
ni siquiera un volcán

un tiznajo de nieve
soy una marca azul en el silencio
césped recién cortado framboyanes
prodigio de la duda
en el espejo hay alguien que me mira
saqueado por la luz
el desconcierto de la identidad

el cristal que se pule
con la certeza de que no seamos iguales
nos ponemos una camisa a cuadros
un bigote redondo
y tropezamos en las escaleras

1 [origins]

after all I'm
a phantom in this barbershop
mirrors eaten away by shadow
chairs gutted
windows x-ed from the last hurricane
barbers asking too many questions
while they rustily cut

beards half a century old
scissors dread me
                    I'm hard-headed
I'm from another dream of roosters crowing
raccoon bandit
hygiene of bathrooms both exotic
not so much as a volcano

a sooting of flurries
I'm a blue mark in the silence
freshly cut grass flamboyant trees
wonders of doubt
in the mirror there's someone gazing back
ransacked by the light
identity's distress

glass polished
certain we're unequal
we put on a checkered shirt
a perfect moustache
and stumble down the stairs

desterrado otra vez
pelado al rape por coloquialista

descuadrar estos tiempos y la cosmovisión
por no lanzarme desde el ventanal
ni naufragar en líquidos amnióticos
ni sembrar marabú en el incauto
jardín de la academia
vago sin mucho afán por este mundo
ancho pero no ajeno

me demoro en la nieve la palma real al hombro
me muero mas revivo de nostalgia
sobre todo no debo nada a nadie
mi patria no son las antologías
yo soy un tojosista no te olvides
solo cuentan las páginas ganadas
a la economía de subsistencia

una antistrofa más y estaré libre
los barberos trepidan
ante la ingravidez de mi brazo dormido
puedo ver la humedad bajo los guantes
a las cejas hacer su muy sutil trabajo
mis venas son profundas
                        nada me hace sangrar

uprooted once more
crew-cut for being colloquial

failing to square these times and worldview
for not jumping out the window
or shipwrecking in amniotic fluids
or planting marabu bushes in the academy's
reckless garden
unrushed I wander through this world
ample but not alien

I linger in the snow a royal palm on my shoulder
I die but revive from nostalgia
most of all I owe nothing to nobody
my homeland isn't anthologies
don't forget I'm a tojosista
all that counts are the pages salvaged
from a bare bones economy

one more antistrophe and I'm free
the barbers shake
before the weightlessness of my sleeping arm
I can see the damp beneath their gloves
eyebrows doing their subtle work
my veins are deep
                    nothing makes my blood run

4 [intemperies]

la lluvia con alma de alcantarilla
el camión ambarino
que pasa echando espuma
agua venida a menos
que se empoza frente a la barbería
el ciclista sin rumbo
que solo se cubre con un bolero

aunque el trueno la nombre
la manzana no respeta la lluvia
nada espera que escampe
y todo sigue su muy seco curso
debe hacer calor en este poema
como cuando ha llovido en Campanario
y del asfalto brota un arco iris

pétalos herrumbrosos
espejos donde nadie se ha mirado
y el sol comienza a recoger las sílabas
los añicos de nube
las heridas radiantes
                        la convulsa ilusión
esparce sus semillas el reloj

germinan en la brisa
que solo han removido tus caderas
la palma sobre el muro
                        el cantero de tilo
todo va a florecer

4 [inclemencies]

rain has the soul of a sewer
the amber truck
passes by spewing foam
water fallen on hard times
stagnates in front of the barbershop
wandering cyclist
wrapped only in a bolero

though thunder names it
the apple doesn't heed the rain
nothing waits for it to stop
and everything follows its dry course
it must be hot in this poem
like when it's rained on Campanario Street
and a rainbow springs up from the asphalt

rusty petals
mirrors that never reflected a glance
and the sun begins to gather syllables
bits of cloud
radiant wounds
               shaky illusion
the clock scatters its kernels

they sprout in the breeze
stirred up only by your hips
palm tree above the wall
                   bed of linden
everything will bloom

si la lluvia cumple sus amenazas
vuelve a cruzar el camión amarillo

tolvanera de música
hace un sol sin pulir
sobre el banco de la carpintería
relumbra el policía vigilado
desde la cuartería que se apresta al bembé
mas la lluvia cumple sus amenazas
cuando dice a llover

la selva de recebo
                    arroja sus mamíferos
una capa morada
puede ser un signo de distinción
una letra en cursivas
menores y mayores se pelean el chorro
de una canal en uso

por milagro sin dudas
alguien sobre un cartón
hace surf en las olas
                    de la calle San Lázaro
es el único instante
en que sabemos que resistirán
las ruinas del futuro

if the rain carries out its threats
the yellow truck passes by again

music's dust storm
an unpolished sun beats down
on the carpenter's bench
the policeman glows
eyed from the tenement preparing for the bembé
yet the rain carries out its threat
when it rains it pours

the adobe jungle
                    throws off its mammals
a purple raincoat
might be a sign of distinction
a cursive letter
young and old fight over the stream
of a working gutter

miraculously no doubt
on a piece of cardboard
someone surfs the waves
                    of San Lázaro Street
it's the only moment
when we know they'll resist
the future's ruins

11 [destierros]

ya cabecea la nave del desasosiego
había obreros cortando la hierba
abrumados de luz
                              no viendo lo que hacían
alerones nerviosos
                              equilibrio esencial
esto no es el vacío

una sombra en el agua nos persigue
con la isla a babor
                              me acomodo en la inercia
la pradera tatuada
inclinación de giro
                              la niebla de tu piel
no hay altura sin desgarramiento

un sol intermitente
perdido entre la lluvia que será
los rastros de ciclón
                              fiebres aventureras
esa piel que me alcanza
es la herrumbre del amanecer
que no mancha los ánimos

vuelo entre dos amores
                              un imán invertido
el ardor queda atrás escoba amarga
tu memoria curtida
y la ausencia del mundo

11 [banishments]

torment's craft now pitches
there were workers cutting grass
wary of light
                    blind to what they were doing
nervous ailerons
                    essential stability
this isn't the void

a shadow in the water follows us
with the island port-side
                              I nestle into the inertia
tattooed plains
banked angle
                    the haze of your skin
there's no altitude without tearing

an intermittent sun
lost in future rain
hurricane's remnants
                         adventurous fevers
that skin reaching me
it's dawn's rust
leaving spirits unblemished

I fly between two loves
                    an upturned magnet
the burning is left behind bitter broom
your tanned memory
and the world's absence

que en el azul tropieza
                    cielo de bajo fondo

arenas naufragadas
polvo de corazones que partieron
petroleros en ruta
entre el fango profundo y el mercado
el aire que primero respiré
queda atrás con tu asfixia
la realidad tiene muy mala letra

altura de crucero
el viaje empieza con una invención
bajo un sol de cristal esmerilado
entreteje distancias
                        donde se apoyan cruces
el viaje termina en un arco iris
de solo tres colores

no sé si estas alas podrán con todo
lo que encajo en el pecho
desaceleración caída libre
el tren de aterrizaje
                        se enreda en el vacío
plano inclinado
                peso de la emoción

over the blue stumbling
                         shallow sky

shipwrecked sands
dust of hearts now parted
oil tankers en route
between deep muck and market
the air I first breathed in
is left behind with your asphyxia
reality has bad handwriting

cruising altitude
the journey begins with an invention
beneath a sun of frosted glass
entwines distances
                         where crosses lean
the journey ends in a rainbow
with only three colors

I don't know if these wings can manage
with all I've packed into my chest
deceleration free fall
the undercarriage
                         gets tangled in the void
inclined plane
              emotion's mass

15 [resguardos]

un verano más con Aimé Césaire
en otra isla que también es suya
este país natal
                    donde no tengo casa
mas fermenta en las vísceras
la arena de mis huesos
                    un sabor absoluto

isla difícil
                    cada vez más otra
que entiendo solo por Aimé Césaire
la isla donde siempre es mediodía
nortes que cristalizan en las cañas
la isla atravesada no en el mar
memorias que cuartean la nevisca

¿para qué separarse de esta oscura
sudada multitud
con sueños asediados por mosquitos?
la realidad es un sello de a quince
en la Esquina de Tejas
papeles húmedos de explicaciones
las venas donde hierve la paciencia

aceras discontinuas que impiden olvidar
derrumbes como fotos en *The New Yorker*
la cajera tiene la niña mala
y no solo la lluvia
                    todo el ser estancado

15 [protections]

one more summer with Aimé Césaire
on another island also his
this native land
                    where I have no home
still it sours in my gut
the sand of my bones
                          an absolute taste

difficult island
                  more and more an other
I only understand because of Aimé Césaire
island where it's always noon
northerlies crystallizing in the cane
island aslant not in the sea
memories shatter snowfall

why leave behind this dark
sweaty multitude
with dreams besieged by mosquitoes?
reality is a fifteen-cent stamp
at the Esquina de Tejas
papers damp with explanations
veins where patience boils

sidewalks cut short make forgetting impossible
rubble like photos in *The New Yorker*
the cashier's little girl is sick
and not just the rain
                    the entire being is stagnant

descolonización
                    un camello al vacío

alguien aprende mecanografía
con mis identidades
                    Lázaro lleva acento
gritaría si valiera la pena
me calmo con el nerviosismo del ventilador
tú no debes quejarte
has roto la barrera del sonido

¿quién me pidió la hora?
¿la caracola virgen o el rucio babalao?
no es una trampa pero no hay salida
un azul que no miente resguarda las fronteras
de esta isla amañada
un azul cotidiano de agua con azúcar
tres gotas de limón

un azul trascendente
                    encrespada palmera
que amansan los arroyos
un azul donde cruza el canario amarillo
con tus ojos tan negros
un azul inclusivo que podría cambiar
toda esencia vencida

decolonization
                a vacuum-packed camello

someone's learning to type
with my identities
                   Lázaro has an accent
I'd scream if it were worth it
I'm comforted by the fan's nervousness
you shouldn't complain
you've broken the sound barrier

who asked me the time?
the caracoling virgin or the gray-haired babalawo?
it's no trap but there's no escape
a true blue protects the borders
of this rigged island
a quotidian blue of water and sugar
three drops of lemon

a transcendent blue
                    frizzled palm
tamed by brooks
a blue where the yellow canary
and your dark eyes cross
an inclusive blue that might alter
any expired essence

18 [citadinas]

calle San Nicolás
el nervio del tambor le da esa claridad
que oculta los perfiles
las pieles que trabaja la canícula
con su húmedo esmero
cantan al fin los gallos
                    no los de la memoria

la ciudad penetra por las hendijas
con su rítmica luz
alguien tuesta café familiariza el aire
hormigas en la leche
que milagrosamente no se corta
el aceite cobrizo
la cebolla crecida con agua de batea

el ají académico sus citas de Vitier
y el huevito embarrado con mierda de gallina
camino esta calle para inscribirme
cáscaras de mamoncillo
que disputan las lenguas las hormigas
ese mojón dorado
donde relumbran los frijoles negros

calle San Nicolás
la fibra de la rumba los silbidos amuela
de los que juegan bolas astilladas
y alquilan bicicletas sin destino
la realidad que empieza a fermentar

18 [urbians]

San Nicolás Street
a drum's nerve gives it this clarity
hiding profiles
skins worked by the hot season
with its great damp care
at last the roosters crow
                            not the ones in my memory

the city bores into crevices
with its rhythmic light
someone's roasting coffee accustoms the air
ants in milk
miraculously not curdled
olive oil its copper essences
onion grown with wash water

academic bell pepper quoting Vitier
and the tiny egg muddied with chicken shit
I walk down this street to be engraved
mamoncillo peels
disputed by ants tongues
golden turd
where black beans glitter

San Nicolás Street
fiber of rumba grinds the whistles
of those who play chipped marbles
and rent aimless bikes
reality begins to sour

y el sol como recargo
no entiendo lo que dice este polvero

el granito molido de pisadas
y aguaceros agrestes
el níveo pan sudado de negro
las frutas maduradas con carburo
de las ruinas florecen los mercados
mi paso al menos sirve para espantar las moscas
el gorrión pertinente

amedrenta la luz
la fritura de herrumbre
no le quita la idea lo deja trabajar
ese salitre dulce
contra el viento del sur no mellará su hambre
ni el tibor estañado con harina
que salpican las olas del crepúsculo

el gorrión que interrumpe
el cabo de la vela
                    penumbra desatada
calle San Nicolás
gallo muerto en la esquina sin malicia
río que crecerá entre azoteas grises
no hay credo que te haga germinar

and sun as surcharge
I don't get what this dust cloud is saying

granite ground by footsteps
and rustic rainstorms
snow-white bread sweat with black
fruit ripened with carbide
markets bloom from the ruins
at least the flies are spooked by my steps
the pertinent sparrow

startles light with its voracity
the rust fritter
doesn't dissuade it lets it work
the sweet saltpeter against southern wind
the tin pisspot with cornmeal lumps
spattered by twilight's waves
won't dent its hunger

the sparrow interrupts
the candle stub
                    penumbra let loose
San Nicolás Street
on the corner a harmless dead rooster
river rising between gray rooftops
no credo will make you take root

iv

de *reversos*
from *reverses*

1 [retornos o esa araña que atrapa una pregunta]

vienes de mucho antes de muy lejos
para arraigar en este rudo sótano
donde fermentan ritmos
memorias imposibles
                        rabias cristalizadas
en lengua que ningún vecino entiende
hierve el té de gitano
al fuego sin ojos de un cardenal
que hizo nido en la mesa
nada se aclara ni la misma voz
que ha espesado la fiebre

nada deja de ser
lo que en algún momento no estará
en este rectángulo de cerezo
por eso hay que sorber
                        la penumbra emplumada
donde humean las diéresis
no te veo pero siento tus pasos
que estremecen la luz
vienes de la aspereza
que empieza a germinar
                        con las últimas nieves

vienes con un sabor que reseca la piel
como nube oxidada
sentimientos
                que se vuelven guijarros
capas de indecisiones
un pasado en hollín

1 [returns or that spider trapping a question]

you come from long before a long way off
to root in this rude basement
where rhythms
impossible memories ferment
                              rages crystallized
in a language not one neighbor understands
the gypsy tea boils
on the fire missing the eyes of a cardinal
that made its nest on the table
nothing's clear not even the very voice
thickening fever

nothing stops being
what at some point won't be
in this cherry tree rectangle
that's why you've got to sip
                              feathered half-light
where the diereses give off smoke
I don't see you but I hear your steps
making the light tremble
you come from the roughness
beginning to bud
                with the last snows

you come with a taste to dry out my skin
like a rusty cloud
feelings
          become pebbles
layers of indecisions
a past in soot

río sin madre
                ceniza de miel
esa novela donde nadie está
donde nada es presente
partir para llegar para volver

hay algo que se extingue
                            en tu imaginación
no solo el almiquí
                    enredado en las púas
de los alambres cagados de moscas
el cielo de las aulas
                    yo todo lo aprendí
en un antiguo barracón de esclavos
y como tú seré
                  cuando apriete la sombra
una araña que atrapa una pregunta

para que nunca entremos en razón
solo viene la espera
                     a tu puerta de argento
un timbre involuntario
cauteriza la calma
las bisagras del yo
                  se niegan al desdoble
y te abres resonante
aunque se apague dentro
un día que no despunta lunes
ni once de septiembre

lumbre a secas con un tufo cordial
que elude las aceras
un día no marcado en sus ramas
ni raíces al aire

motherless river
                    honey ash
that novel where nobody is
where nothing's present
leaving to arrive to return

something's gone out
                        in your imagination
not only the almiqui
                    tangled in the barb
wires shitted on by flies
classroom heaven
                    I learned everything
in some old slave quarters
and I'll be like you
                        when a spider trapping a question
squeezes the shadows

so we'll never come to our senses
what comes is just the wait
                            at your argent door
an unintentional bell
cauterizes the calm
the hinges of the self
                        refuse the unfolding
and you open resonant
though what's snuffed out within
is a day not blunting Monday
or September eleventh

plain brilliance with a cordial stench
dodging the sidewalks
a day unmarked in its branches
no roots exposed

ni follaje agitado por el tono
sombra sin adjetivos
sin boina estadísticas bufanda
un día que se corta
y se escurre por las alcantarillas
luz y sombra del ser
que se deja sudar sin trascendencia

un día que sin embargo embarra esta página
nada sale de mí
           todo retorna
once sílabas que no se condensan
en la noche que cruje como el hielo
deja correr la sangre
el papel se oxida pero lo estanca todo
tampoco te avergüences del cuchillo
no tiene compasión como la nieve
y se deja caer
sobre la gramática del jardín

soy el punto de vista
           el exilio entrañable
un cuerpo sin sosiego
               un ánima que engorda
esperarte es una redundancia
de todas maneras vas a venir
más tarde que temprano
           en jirones
con un toque de albahaca
mis venas transparentes
            cauce de tu deseo

de nada sirve acordar el postigo
armonizar el torno

or foliage shaken by the tone
shadow with no adjectives
no beret statistics scarf
a day curdled
and dripping down the gutters
light and shadow of being
letting itself sweat inconsequentially

a day nonetheless muddying this page
nothing leaves me
                   everything returns
eleven syllables uncondensed
in the night creaking like ice
let your blood flow
paper rusts and it stalls everything
don't be ashamed of the knife either
it doesn't have compassion like snow
and lets itself fall
over the yard's grammar

I'm the point of view
                   beloved exile
a body ruffled
            a soul fattened
waiting for you is redundant
you'll come anyway
sooner than later
              in rags
with a touch of basil
my see-through veins
                   your desire's channel

it's useless to tune the shutter
harmonize the revolving door

con tu miel encendida

                            y mi almizclada cera

tus pechos de campana

van a darme la hora

la única certeza es que vas a llegar

hasta la ausencia intuye

                            que estás dentro

madriguera de imágenes contadas

no se regresa en vano

cuánto ha esperado ya

                            con solo no quererlo

con tan breve esperanza

sin ignorar por qué

                            témpano en el discurso

no pudo ser impar

                            tuvo en cuenta el desliz

bruñido en ilusión

                            y no está arrepentido

entre las tercas nadas

teme más el olvido que la muerte

en el último encuadre esperaba la ausencia

en la próxima copia deberías llegar

vuelvo a ser la nada que te imagina

ojos de cardenal té de gitano

                            en un sótano agreste

¿quién detalla el final?

¿el punto que te absorbe

                            con su tinta perfecta?

¿acaso habrás llegado?

ni siquiera el que nazca de tu muerte

solo se puede reescribir la vida

with your flushed honey
                        and my scented wax
your chime-like breasts
to strike the hour for me
the only certainty is you'll arrive
even absence senses that
                        you're within
den of counted images
one doesn't return in vain

how long has one waited
                        without even wanting to
with such brief hope
without ignoring why
                        floe in the discourse
one couldn't be uneven
                        took the slip up into account
polished in illusion
                        and unrepentant
among the stubborn nothings
one fears oblivion more than death

in the last frame absence waited
in the next print you ought to arrive
once more I'm the nothing that imagines you
cardinal eyes gypsy tea
                        in a rustic basement
who details the end?
the tip absorbing you
                        with its perfect ink?
by chance have you arrived?
not even the one reborn from your death
only life can be rewritten

8 [afueras o la marmota se harta de crepúsculo]

la montaña contra un cielo asonante
a punto de cuartearse en su fijeza azul
aire que cristalizan cedros de hulla
y caballos que se espantan el frío
en lugar de las moscas
                              los gansos cartesianos
avanzan como sílabas
al borde del soneto figurada laguna
y rompen formación
                              al cruzar el galanto
de un encabalgamiento zanja ciega

todo aún por hacer
el signo que se filtra entre tres gajos
que el viento esencializa y corrige la nieve
tientan las ranas la única cuerda
que le falta a la noche
repleta con flores amarillas la marmota
ha vuelto a ser pulsión
ayer cayeron hastiados sicómoros
y estorninos en vuelo
alborotan la sombra que calcina
¿el miedo que regresa espantado de afuera?

contra el cristal resuellan los venados
como desasosiego ávido de papel
sin tu brillo la penumbra ya se deja oír
un temblor que cobija
el ser es inocente mas se lava las manos
el relámpago no sobresalta al puercoespín

8 [outsides or the groundhog gorges on twilight]

the mountain against an assonant sky
at the point of quartering in its blue fixedness
air crystallizes black coal cedars
and horses scare off the cold
instead of flies
              Cartesian geese
advance like syllables
at the edge of the sonnet figurative lake
and break formation
                   when crossing the snowdrop
of an enjambment blind ditch

everything still to be done
the sign leaking through three branches
essentialized by wind and corrected by snow
they tempt the frogs the only string
night's missing
stuffed with yellow flowers the groundhog
has once more become drive
yesterday weary sycamores fell
and starlings in flight
stir up the shadow charring
the fear that's come back frightened from outside?

against the glass deer panting
like restlessness greedy for paper
without your glow penumbra now lets itself hear
a tremble sheltering
being is innocent but washes its hands
lightning bolt doesn't startle the porcupine

que carga toda la lluvia consigo
las gotas ensartadas en las púas
no dejan de irradiar entre la sombra
el miedo su osamenta
al filo del maizal en ausencia de nieve

la muerte es una ardilla sobre asfalto
un cerro contra el cielo que se aprieta
voy a arrancar un sauce en cada esquina
el agua sin destino
no deja de gruñir entre las rocas
la hierba sobre ti es una errata
esa caligrafía copiada de los robles
que el invierno deshuesa
alarma de tornado
                              las luciérnagas
no cambian su rutina

sigilo entre las briznas de sirena
la ardilla atropellada
                              abriéndote camino
a la hierba le queda la memoria
de su verde futuro
                              por eso es que resiste
el furor pesimista de la escarcha
árida primavera con tulipanes negros
que los ciervos rumian bajo la luna
en el alma del hielo la corriente
es un remordimiento

el sol entre la niebla que escapa de las tibias
jamás acariciadas
el paisaje promiscuo y en su centro
la mancha de pureza de un estanque

loaded down with all the rain
drops strung through its quills
they don't stop radiating in shadow
fear its bones
on the edge of the cornfield in the absence of snow

death is a squirrel on asphalt
a hill against a clenching sky
I'm going to pull out a willow on each corner
aimless water
won't stop growling among stones
grass over you is a misprint
calligraphy copied from oaks
deboned by winter
tornado warning
                    fireflies
don't change their routine

stealth among siren blades
the trampled squirrel
                    paving the way for you
grass still has the memory
of its green future
                    that's why it resists
the frost's pessimist fury
arid spring with black tulips
ruminated by deer beneath the moon
in the soul of the ice the current
is a regret

the sun in the mist escaping from shinbones
never caressed
promiscuous landscape and at its center
the stain of a pond's purity

los patos dormidos en el torrente
te imaginan abierta sobre la grama añil
la tojosa en la nieve desafina
como niña sin dientes frente al piano
sobre el hielo engreído
la marmota se harta de crepúsculo
palabras de mi madre

como si te olvidaras de algo puesto al fuego
el tizne enardecido
no se detuvo ante las falsas cruces
transgredió las ventanas
la música de las contradicciones
su elipsis de ceniza
todo el viento del mundo
no podía remover la sombra descompuesta
sus coágulos filosos
el vacío inundó las partes bajas
y fue necesario animar la luz con rezos

mas no hubo oración capaz de amedrentarte
volvió la calma cuando con su pupila sola
mi madre desafió
el también absoluto ojo del huracán
la nada en los calderos
                        todo por contemplar
el hálito que amella su cuchillo
en las piedras insomnes
y la luna que amuela sus heridas
en áspera mudez
ni galaxias ni gases ni materias oscuras

incoherente agujero como ombligo del ser
crece en la constelación de Eridanus

ducks sleeping in the torrent
imagine you spread out on the indigo lawn
the mourning dove in the snow sings out of tune
like a toothless girl facing the piano
on the conceited ice
the groundhog gorges on twilight
my mother's words

as if you'd forgotten something on the fire
soot enflamed
doesn't linger before false crosses
music of contradictions
transgresses the window
its ash ellipsis
all the wind in the world
couldn't get rid of the rotten shadow
its sharp clots
the void flooded the nether regions
and it became necessary to inspire light with prayers

but no prayer could frighten you
calm returned when with her lone pupil
my mother defied
the also absolute eye of the hurricane
nothingness in the kettles
                              everything left to contemplate
breath nicking its knife
in sleepless stones
and the moon whetting its wounds
in rough muteness
not galaxies not gases not dark matters

incoherent hole like being's navel
grows in the constellation of Eridanus

al sureste de Orión
a más de un semillero de años luz
el justo mapa de las radiaciones de fondo
mostraba en ese punto su tenue mancha fría
y lo reafirma el eco de microondas cósmicas
que siguió a la creación del universo
esa débil señal que resuena desde el Big Bang
la manzana no tiene segundas intenciones
pero sin ilusión se acaba el mundo

un pájaro del sur
picotea semillas que retan al invierno
y me mira desde su emplumada indiferencia
su vértice de lumbre para que no olvidemos
la honda lejanía
se ha oxidado el conserje entre la niebla
su lámpara amarilla ya no espanta las sombras
en la espera hay un ojo que se mira
la nieve del instante no deja de caer
la vela desbordada el último volcán
afuera la tormenta y los obreros discuten

el aire se desploma a sí mismo se dicta
hasta la hormiga sabe que rima con fatiga
en la espalda del fuego ¿quién escribe?
el azar es mi acierto
como el pato de cabeza en el agua
la sed es la corriente el hambre la adherencia
el pato indaga en la dura fluidez
y su plumaje umbrío
hace brillar todo el ser congelado
la forma es ideológica
con la contemplación el mundo cambia

southeast of Orion
more than a seedbed of light years away
the right map of background radiations
showed at that point its tenuous cold spot
reaffirmed by the echo of cosmic microwaves
which followed the creation of the universe
that weak signal resounding ever since the Big Bang
the apple has no ulterior motives
but with no illusion the world ends

a southern bird
picks at seeds that challenge winter
and watches me from its feathered indifference
its vertex of fire so we don't forget
the deep distance
the caretaker has rusted in the mist
his yellow lamp no longer scares shadows
in the waiting there's an eye watching itself
the instant's snow won't stop falling
the overflowing candle the last volcano
outside the snow and workers argue

the air collapses into itself pronounces itself
even the ant knows it rhymes with scant
who's writing on fire's back?
fate is my good move
like the duck headfirst in the water
thirst is current hunger stickiness
the duck searches in the hard fluidity
and its shady plumage
makes all the frozen being glow
form is ideological
with contemplation the world transforms

10 [corduras o eres una tormenta en un tintero]

con un sol a la zurda
que acaba de romper la cáscara del cielo
y un otoño que escarba en la médula
buscando algún despojo
                              para avivar la muerte
se impone la belleza del maíz
su verdor ordenado
su insurrección contra la incertidumbre
tienen razón las alas
la cópula de instantes todo este cacareo
no sé lo que te inquieta en el crepúsculo

ese cielo incoherente podría hacer llorar
eres una tormenta en un tintero
cuerda sin pulsar fiel salpicadura
por eso te llevo hasta la lumbre
que tampoco sosiega
la inquietud del crepúsculo ante ti
este no es el punto donde te abandoné
roído por la luz
ni comienzo ni fin solo silbar
y la fijeza germina al descubierto
sin puntos suspensivos

avanza entre los perros que olfatearon su aureola
uno lame las llagas de los pasos al frente
mientras el otro sigue sometido a la sombra
hay un fondo romántico una iglesia realista
la pareja de abetos le da la cara al muro
de una sola clavícula cuelgan harapos rojos

10 [sanities or you're a tempest in a teapot]

On the left a sun
that just punctured the sky's peel
and an autumn prying into the marrow
searching for some kind of plunder
                                        to rekindle death
corn's beauty prevails
its orderly green
its insurrection against uncertainty
they're all right the wings
the copula of instants all this clucking
I don't know what's got you worried in the twilight

that incoherent sky could make anyone cry
you're a tempest in a teapot
string unplucked faithful sprinkling
that's why I take you to the fire
powerless to calm either
the twilight's worry before you
this isn't the point where I left you behind
gnawed at by light
not beginning or end just whistle
and fixedness exposed takes root
with no suspension points

he advances among the dogs who sniff at his aura
one licks the wounds of the steps forward
while the other's still overcome by shadow
there's a romantic backdrop a realist church
the pair of abbots faces the wall
from a lone collarbone hang red rags

los fieles entrevén la barba prometida
lumbre de girasoles que padecen
quemaduras de otoño
                              lumbre de jitomates
en un alba que no madura aún

radiada en esta orilla
verdad con herraduras cara oculta del sol
sin hallar alivio del otro lado
de donde nada viene y a donde todo va
algo tan humilde como aspirar
sombra volada en fiebre
el viento disciplina el acerbo fulgor
el metal de los pájaros a punto de caer
espasmos reciclados
                              desazón en jirones
como el norte constante

con tu pluma de lora y en mi cuaderno rojo
el futuro no queda en manos de la muerte
apenas un instante y mudará el destino
alguien monta el camello y te sonríe
se equivoca de número y no quiere colgar
te pide en la otra acera el horizonte
es el ángel que esperas
le sucedió al viajero en su primer otoño
no exactamente una tez dorada
con nácares y ébanos
como en la sobrecama modernista

ni una faz con amables cicatrices
algún lunar que creció demasiado
solo una sensación que de tocarla sea
un reflejo con la piel de gallina

the faithful glimpse the promised beard
sunflower fire suffering
from autumn's burns
                              tomato fire
in a dawn still unripe

radiated on this shore
truth with horseshoes dark side of the sun
unable to find relief on the other side
where nothing comes from and everything goes to
something as humble as inhaling
shadow flush with fever
the wind disciplines the bitter brilliance
the metal of the birds at the point of falling
recycled spasms
                              anxiety in shreds
like the constant north

with your parrot feather and in my red notebook
the future doesn't linger in the hands of death
barely an instant and destiny will move
someone rides the camel and smiles at you
dials the wrong number and won't hang up
on the other sidewalk asks you for the horizon
it's the angel you're waiting for
it happened to the traveler in his first autumn
not exactly a golden complexion
with mother of pearl and ebony
like on a modernista bedspread

or a face with friendly scars
some mole that grew too big
only a sensation from touching it that
it's a reflection with goose bumps

desnudo desagradecido como una rosa
pero al fin satisfecho
                           de la ausencia de un fin
pues de la ingratitud nada saben los astros
no más discursos solo villancicos
y en el triángulo rojo la estrella solidaria
termina mal lo que nunca empezó

las palmas de Cayama bordadas en la alfombra
casi persa de los cañaverales
los lagos florecidos en pobreza
y el dariano Momotombo en el retrovisor
el Valle de Aburrá desde la ventanita
en la casa nublada
                           los bosques de Oregón
y en su centro la playa de agua dulce
donde fundes mi ser
bendición a los que quedaron ciegos
por mirar el eclipse

borrego horcón cuchillo
                           distancia metonímica
silla de montar freno de caballo
claves de identidad
hamaca botas de hule cobija
estrategias de identificación
pollo muerto que aún mueve las alas
fisura en el esquema
la lucidez es solo adelanto del vacío
una gota de estupidez te cura
cerrada acción de gracias

levanta la tarde algo nuevo si se mira
con el rabo del ojo de un ciclón

naked unthankful like a rose
yet at last satisfied
                              from the absence of an end
since the stars know nothing of ingratitude
no more speeches only Christmas carols
and in the red triangle the solidarity star
what never began comes to a bad end

Cayama's palm trees embroidered on the almost Persian
carpet of cane fields
the lakes flowered in poverty
and Darío's Momotombo in the rearview mirror
the Valley of Aburrá from the tiny window
in the cloudy house
                              Oregon forests
and in their center the freshwater beach
where you melted my being
blessing for those who went blind
from watching the eclipse

lamb wooden post knife
                              metonymic distance
saddle bit bridle
identity codes
hammock oilskin boots quilt
strategies of identification
dead chicken still moving its wings
fissure in the schema
lucidity is just a preview of the void
a drop of stupidity will cure you
thanksgiving sealed

the evening raises something new if seen
with the corner of the eye of a hurricane

es que los árboles como una idea
se estremecen al simple
roce de las plumas del cardenal
y ese mismo terror lo ha sentido el cielo
que se ha cuarteado donde
el cardenal sin ley alzó su estampa
cae la tarde algo nuevo si no se olvida
la sangre arremolinada en las manos
con esperanza quedarías inmóvil

en la butaca verde frente a la falsa estufa
mas trenzo para ti las paralelas
a ver si de una vez encajas en el mundo
la fiebre unipolar
necesitas un norte que te hiele los pies
un sur para el desvelo
¿quién juntará todos estos añicos
de madera ilegible?
¿en qué ceniza viertes este humor inflamable?
el obrero que escupe cuando cruzas
la llama que no ayuda con las líneas

el labio leporino
                    el árbol de guirnaldas
este lenguaje turbio
Agabama en tiempos de deshielo
un oro tibio escancio
mientras las entrañas buscan su sitio
bajo la luna ausente
tiempo ahumado en que los tulipanes
brotan entre la nieve residual
no habrá tregua
                    el alba que germina

the trees like an idea
tremble at the simple
brush of cardinal feathers
and the same terror's been felt by the sky
that's been quartered where
the lawless cardinal raised its image
the evening falls something new if not forgotten
the blood whirling in your hands
hopefully you'd stay still

in the green easy chair facing the fake stove
I braid for you the parallel lines
to see if you can finally fit in the world
the unipolar fever
you need a northerly to freeze your feet
a southerly for sleeplessness
who will bring together all these bits and pieces
made of illegible wood?
into what ash do you shed this inflammable mood?
the worker spitting when you cross
the flame unhelpful with the lines

the leper lip
                the tree made of garlands
this turbid language
Agabama in times of thaw
a golden warmth I pour
while my insides find their place
beneath the absent moon
smoky times when the tulips
bloom in the lingering snow
there'll be no letup
                the dawn taking root

v

de *deshielos*
from *thaw*

1

hay un círculo de tierra caliente
donde reina la hierba
no se atreve la escarcha
la nieve dura menos que el amor
en el mismo corazón del invierno
esta úlcera verde
todos pasan de largo
obsesionados con su intrascendencia
yo no voy ni regreso
me paro allí reverbero el vacío

1

there's a circle of hot earth
where grass holds sway
frost wouldn't dare
snow lasts less than love
in the dead of winter
this green sore
everyone goes right past
obsessed with their insignificance
I don't come or go
I stand there I echo the void

3

te abandona la luz
entre los girasoles que se encienden
las banderas empercuden la brisa
el estar se coagula
del estanque se levantan los gansos
y vuelan en escuadra
a su imagen
           todo sigue los rastros del sol
salvo la mariposa
que inesperadamente se posa en una sílaba

3

light forsakes you
among fiery sunflowers
flags soil the gentle wind
being clots
from the pond geese rise
flying in squadron
in their image
              everything follows the traces of sun
save the butterfly
all at once landing on a syllable

6

cuando la lluvia envidia
                                se hace nieve
y se tiende sobre el bosque desnudo
que la recibe gris
                        enmarañado
como todo principio toda fe
el bosque se embellece pues la envidia
no se va por las ramas
                                arde como la brea
el único final es el placer

6

when rain envies
                 it turns to snow
and spreads over the naked forest
who welcomes it ashen
                     entangled
like every principle every faith
the forest grows more beautiful since envy
doesn't beat around the bush
                            it burns like pitch
the only end is pleasure

20

extraños animales esas hojas
que hasta el árbol olvida
pero se angustian en este rincón
donde el vacío cruje
no el verano del indio
                    que borra palideces
moretones del alma
ni el norte que jadea desde el fémur
en discreción se agobia
acalla su destello

20

strange animals those leaves
even the tree can't bring to mind
yet they anguish in this spot
where the void rustles
not the Indian summer
                              rubbing out paleness
soul bruises
not the north panting from my thighbone
discretely overwhelmed
hushing its glow

21

extranjero
        como sombra en la nieve
de la patria dual
           esa que nunca da la espalda
y que huele a reseda
a zafra que se inicia
           a ingle fértil
ese verde que no te deja en paz
otra cosa no soy
          tu decencia salvaje

21

stranger
   like shadow in the snow
from a dual homeland
      that never turns its back
and smells of mignonette
the start of sugar harvest
       fertile groin
that greenness won't leave you alone
something else I'm not
      your savage decency

32

tintinea el silencio
nieve calada con semillas de girasol
cuando falta el ánimo sobra la poesía
que se guarda en su horma
en las esencias del escaparate
dar de comer a los pájaros que nunca vienen
la corriente sigue a través del témpano
¿y cómo deshacerte de su ritmo?
¿la pequeña campana
                            donde el frío repica?

32

silence clinks
snow sodden with sunflower seeds
when spirit's missing there's poetry to spare
kept in its shoe last
in the belly of the closet
feed the birds that never come
the current keeps on across the floe
and how to be rid of its rhythm?
tiny bell
            chiming with cold?

35

dos pájaros en uno
posados en la orilla
el real pica la noche
que fluye inconsolable en la nevada
su sed es negativa
lo comprende la luz nos abandona
el reflejo no imita
porque se bebe un pájaro
las dos alas permiten con el tiempo
ser uno en este sauce

35

two birds in one
                        perched on the bank
the real one pecks at the night
flowing inconsolably in snowfall
its thirst is negative
light understands abandons us
reflection doesn't mimic
                        because it drinks a bird
with time two wings let them
be one in this willow

90

los vaporosos signos
resquebrajan las paredes del baño
las pieles se sacuden
la ternura
           que en remolino cae
los cuerpos se revelan
al denso vacío
               descuartizados
pero la belleza restablece la unidad
gotea transparencia

90

hazy signs
crack bathroom walls
skins dust off
the tenderness
                        whirling down
to the dense void
bodies bare themselves
                              torn to pieces
yet beauty restores wholeness
trickles clarity

hacer como la nieve
indecisa en silencio acompañando
desatar una elíptica
                    al sistema lunar
una vuelta completa
la gracia del rigor
regresar a la isla
                    que flota en el vacío
y jamás olvidar
que en el espejo la imagen respira

to make like the snow
uncertain keeping company in silence
to let loose an ellipse
                      from the lunar system
a whole round
the grace of severity
to revisit the island
                    floating in the void
and to never forget
the image in the mirror breathes

100

la nada que se aviva
                    balbucea en la estufa
su luz en el cristal deja un mensaje
claramente ilegible
su sombra deletrea desde el borde
la respuesta al oído
la nada que se copia
en la noche de un folio echado al fuego
como un copo de nieve
                    efímero y hermoso

100

nothingness rekindled
                              babbles inside the stove
its light in the glass leaves a clearly
illegible message
from the edge its shadow spells out
the answer in my ear
in the night nothingness copies itself
from a folio thrown to the fire
like a snowflake
                        fleeting and beautiful

vi

de *desde un granero rojo*
from *from a red barn*

i [unos ojos que le han robado al cielo]

Ahora qué hace ella
De rodillas entre dos golondrinas
Vicente Huidobro

1

hoy te ganas la vida vigilando
la muerte de una vaca
la academia no da para el divorcio
menos para el amor

en el prado del sueño americano
entre ortigas y zarzas
se escucha solo el eco de la muerte
que se esmera sin desfallecimiento

paisano Baudelaire que rechina dientes
en la tripa del libro ninguneado
instrucciones escritas terminantes

del dueño de la hacienda
que ninguna criatura
coma del animal sino la muerte misma

i [a pair of eyes that have stolen from the sky]

What is she doing now
On her knees between two swallows
Vicente Huidobro

1

today you earn a living looking after
a cow's death
the academy can't afford the divorce
much less love

in the meadow of the american dream
amid nettles and blackberry bushes
only to make out the echo of death
she goes to great pains unflinching

fellow countryman Baudelaire grinds teeth
in the innards of a book brushed aside
blunt directions written

by the owner of the farm
for no creature
to eat the animal but death herself

2

el coyote ya comenzó la ronda
su mirada destaza
pronto vendrá el camión con el veterinario
que certificará la defunción

la res y su música enrumbarán
la planta de conservas para perro
y podrás llegar a tiempo a la cita
en la penumbra de la biblioteca

o en las cuidadas frondas
del cementerio que ni la muerte usa
entre las espinas cuajan las bayas

los cardos aprovechan y florecen
puja el viento lanudo en los linderos
marcados por el óxido

2

the coyote's already making rounds
its glance butchers
soon the truck with the veterinarian will come
to certify the expiration

the beast and its music will set off
for the dog food factory
and you'll make it on time for the date
in the library's half-light

or in the carefully kept fronds
of the cemetery death doesn't even use
among thorns berries curdle

thistles make the most of it and flower
the wooly wind toils against the edges
streaked with rust

3

la brisa no sabe qué hacer con el ahorcado
se restriega en la lana del abrigo
los pantalones cortos de repente
ante la ya libre gravitación de las piernas

la hematoma en el rostro
las manos infructuosas
la honra desnucada
                            no la intrigan

duda entre columpiarlo mesar la cabellera
deshollinar el ánima
hay lagos que agitar hojas que enrojecer

caballos que seguir en el galope
ese cuerpo que han puesto en su camino
no le corta el aliento

3

the breeze doesn't know what to do with the hanged man
rubs up against the coat's wool
the pants suddenly short
before the now free gravitation of legs

bruise on his face
fruitless hands
broken neck honor
                              don't intrigue her

she wavers between swinging him pulling his hair
sweeping away his anima
there are lakes to rustle leaves to redden

horses to follow in gallop
the body in her way
doesn't leave her gasping for breath

4

a plomo contra el norte
se levanta el rumor segado del maíz
arquea las columnas
desconcierta las vértebras

y la luz agolpada temerosa
de entrar por las hendijas
al granero repintado de rojo
va a enredarse con mugidos de vaca

afilar las pupilas
de quienes han desafiado la noche
al resplandor de un sueño

cuando el fuego termina su tarea
la ceniza se vuelve escalofrío
visión que no da sombra

4

straight up against the north wind
rises the cut murmur of corn
arches columns
unsettles joints

and light piled up frightened
of falling through the cracks
into the barn painted red over and over
it will get tangled in the cow's mooing

sharpen the pupils
of those who've challenged the night
in a dream's brightness

when fire finishes its task
ash turns to shiver
vision gives no shade

ii [la seta en el montón de limadura]

y en una sala del Louvre, un niño
llora de terror a la vista del retrato de otro niño
César Vallejo

2

conoces por su nombre
todas las herramientas del museo
en madera al alcance de las olas
sargento berbiquí cepillo escuadra

casa de botes en Coconut Grove
que ha resistido catorce huracanes
como el alma transpira
como el cuerpo trasciende

hasta la gaviota te reconoce
cuando orinas el mar borracho y medio
escofina caja de ingletes trincha

las viejas mecedoras sin cojines
alzándose en pedazos
para que puedas otear la infancia

ii [the toadstool atop the heap of filings]

and in a hall of the Louvre, a child
cries in terror at the sight of the portrait of another child
César Vallejo

2

you know by name
every tool in the museum
of wood within reach of the waves
clamp brace brush set square

boat house in Coconut Grove
withstood fourteen hurricanes
like the soul transpires
like the body transcends

even the seagull recognizes you
when you piss the sea three sheets to the wind
rasp box of miter joints socket chisel

the old cushionless rocking chairs
rising up in pieces
so you can spy on your childhood

3

gritan y no respondes
estás en la yema del aromal
nadie te busca donde nada llega
ni siquiera los jíbaros guineos

a escondidas fuiste abriendo camino
una tarde con la camisa a cuadros
lo único que cruza la espinera
es la voz de tu madre

meticuloso como un huracán
te tiendes sobre las secas corolas
bajo un cielo que deshojan las nubes

como un cordón de hormigas
y te desnudas solo para ti
a esperar a los indios

3

they yell out but you don't answer
you're in the yolk of a marabu patch
nobody looks for you where nothing can reach
not even the guinea hens running wild

in secret you cleared a path
one evening with your plaid shirt
the only thing to get past the thorns
is the voice of your mother

meticulous like a hurricane
you spread out over the dry corollas
below a sky stripped of leaves by the clouds

like a string of ants
and you undress only for you
to await the Indians

5

en las encrucijadas hay un olor a madre
sudor cristalizado
                              penumbras en almíbar
un fehaciente cuchillo

entre latas sarrosas
                            para café y manteca
hay un sabor a madre en las encrucijadas
melazas en su luz

                        alma de arroz con leche
un cuchillo que corta todo menos la esencia
guayaba del Perú

                            que maduran las moscas
el filoso destino de una madre
que se puede envolver entre hojas de plátano

5

at the crossroads there's a smell of mother
crystallized sweat
                      shadows in simple syrup
an irrefutable knife

between encrusted cans
                          for coffee and lard
there's a taste of mother at the crossroads
molasses in its light

                      rice pudding soul
a knife to cut everything but essence
Peruvian guava

                  ripened by flies
a mother's sharp destiny
which can be wrapped in banana leaves

7

un perro ante un librero
en medio de las ruinas transparentes
el librero fue una obra del asma
había sitio para la vieja alcuza

el manojo de albahaca el sebo de carnero
pero la casa se cuajó de libros
el mal genio del polvo
la gotera puntual imprevisible

el perro fue una obra de nadie
era un buen nadador
lo hacía todo hasta el último aliento

le mordieron la oreja en la manigua
se lo comieron vivo los gusanos
hoy haces cualquier cosa por no aullar

7

a dog facing a bookcase
in the middle of transparent ruins
the bookcase was asthma's work
there was a spot for the old oilcan

the bunch of basil the goat tallow
still the house curdled with books
the dust's bad temper
the punctual capricious water leak

the dog was nobody's work
a good swimmer
did it all 'til its dying breath

his ear bitten in the backwoods
worms ate him alive
now you do whatever you can to stop from howling

vi [ninguna calle llevará tu nombre]

Debajo de las multiplicaciones
hay una gota de sangre de pato
Federico García Lorca

3

aristocracia del lugar común
la prensa está de luto
acaba de morir un inmortal
el príncipe Rainiero

por más de medio siglo gobernó
el estado más pequeño y próspero del mundo
ganó la tierra al mar
para un circuito de carreras de automóviles

en la roca viva erigió un jardín
donde el azar dejó de ser un juego
para qué enumerar con lujo de detalles

los detalles del lujo
los filmes de Hollywood imitaron su vida
que tuvo solo la contrariedad de la muerte

vi [no street shall bear your name]

Under the multiplications
there is a drop of duck's blood
Federico García Lorca

3

commonplace aristocracy
the press in mourning
an immortal has just died
Prince Rainier

for more than half a century he ruled
the world's smallest and most prosperous state
reclaimed land from the sea
for a race car course

on solid rock he raised a garden
where chance ceased to be a gamble
why enumerate the details of wealth

with a wealth of details
Hollywood films imitated his life
whose only snag was death

4

tu madre es de la edad del príncipe Rainiero
de haberla conocido
él no hubiera pasado por alto su belleza
nada de matrimonio con Grace Kelly

ni princesas malcriadas
tú no estarías aquí ganándote la muerte
pero otro como tú heredaría
el casino de Mónaco

es cierto que en La Tour d'Argent no sirven
boniatillo con coco picadillo de soya
la vida sería un sueño

si no fuera por la lucha de clases
la prensa no registra estos milagros
en La Habana tu madre sobremuere

4

your mother's the same age as Prince Rainier
had he met her
he wouldn't have failed to notice her beauty
no marriage to Grace Kelly

no pampered princesses
you wouldn't be here earning a death
instead someone else like you would inherit
the casino in Monaco

it's true La Tour d'Argent doesn't serve
boniatillo con coco soy mince
life would be a dream

if it weren't for class struggle
the press doesn't report these miracles
in Havana your mother livedies

9

tus vecinos despliegan sus banderas
son gente de temer
suena la hora de la discreción
el abierto silencio

la esperanza su corola amarilla
se alza solitaria en el triángulo
de césped acabado de segar
esa flor que resiste

la cuchilla en espiral del tractor
ese detalle que pasó por alto
el hermético dueño

de la casa con exaltadas luces
tú en una caja de madera siembras
algo que hace temblar

9

your neighbors deploy their flags
they're scary people
the hour of discretion
open silence sound

hope its yellow corolla
in solitude rises in the triangle
of lawn just cut
that flower defies

the tractor's spiral blade
that detail overlooked
by the hermetic owner

of the house with extremist lighting
you on a wooden box sow
something to make them shudder

11

desde un granero rojo
atestado de cosas olvidadas
pero útiles aún
principios a los cuales se puede sacar punta

y ponerse a sembrar
conciencias que pierden el orín cuando las vuelves
a usar en el despaje
                                    desde un granero rojo

que se inclina a la izquierda
parece derrumbarse pero no
y empieza a ser tomado por el monte

pero que aún resguarda
de la nieve y el tizne
pregúntale si no a las golondrinas

11

from a red barn
jam-packed with things forgotten
but still useful
principles that can be sharpened

to start sowing
consciences that lose their rust when you wield them
once more in the winnowing
                                        from a red barn

leaning toward the left
seems about to collapse but it won't
soon to be taken over by the brambles

still it shelters
from snow and soot
if you don't think so ask the swallows

vii

de *despegue*
from *departure*

[Santa María]

sin media luz donde caerse muerto
tirado en esta playa
como el cangrejo que no tuvo suerte
y el niño perdonó

compadeces a la piedra que te guiña un ojo
su fresca militancia
y la bicicleta cargada de caracoles
te cruza entre las muelas

la arena en las cesuras
hace que las claves no estén en tiempo
el mundo es una güira pintada como quiera

para la discreción de los turistas
nadie te contó antes
lo que se aprende si sales del agua

[Santa María]

no half light to drop dead under
sprawled on this beach
like the crab luckless
and forgiven by the child

you feel for the stone that winks at you
its fresh militancy
and the bicycle chock full of seashells
crosses you between claws

the sand in caesuras
puts the claves offbeat
the world is a güiro painted any which way

at the discretion of the tourists
nobody told you before
what you learn if you leave the water

[Malecón]

el ruso con arpón y la santera
pisan fuerte sobre la savia de flamboyán
no hay sentido común
                    solo hollar la belleza

él ensartará su cubera de oro
coleando en el agua enjabonada
ella se casará con su turista
encantado con la asimetría de los pechos

todo en la misma tarde
en que el sol decidió quedarse fijo
sin embargo la lluvia se apersona

se filtra entre las ruinas
cuando la noche vuelva encontrará
desilusión en sal

[Malecón]

the Russian with his harpoon and the santera
trample the flamboyant treepitch
there's no common sense
                            only treading on beauty

he'll string his cubera snapper
wagging its tail in the soapy water
she'll marry her tourist
bewitched by the asymmetry of her breasts

all of it on the same evening
when the sun decided to stay still
still the rain appears in person

leaks among the ruins
when night returns it will find
disillusion in salt

vuelo / 1

un vuelo sin destino sin origen
como bala de plata
                en la boca del lobo
la nostalgia agrumada nubarrón

claridad turbulenta
abordo del vacío
                en su piel de majá
una pluma en la elipse de la noche

la violencia cubierta
                con maleza celeste
fijeza inalcanzable trayectoria

como rayo de albur
                adentrarse en el día
en el destierro también amanece

flight / 1

a flight no destination no origin
like a silver bullet
                    in the wolf's mouth
nostalgia clumpy storm cloud

clarity turbulent
aboard the void
                    in its majá skin
a feather in night's ellipse

violence shrouded
                    in celestial underbrush
fixedness an unreachable trajectory

like a bolt of fate
                    to go deep into the day
dawn comes even in exile

vuelo / 10

no basta con la huella
                      se precisa el error
bracear fuera de cámara
no esperes que el miedo te dé una mano

requeridos la altura
                      remontar turbulencias
no creer más en ti estar atento
cada instante toda una noche en claro

hincar una familia vertical
al encanto del sitio
esto como el amor no se hace solo

aunque el después se ausente como el antes
eres raíz con miedo
                      deseo y algo más

flight / 10

not enough the trace
                    error pinpointed
paddle away from the chamber
don't wait for fear to lend you a hand

required altitude
                    soar above turbulences
stop believing in you be alert
every instant an entire night white

drive a vertical family
into the charm of the place
this like love isn't made alone

though the after's gone like the before
you're a fearful root
                    desire and something more

[Ohio River Valley]

ya viene el horizonte
puedo escuchar su luz
                          que tropieza con todo
y me deja la piel con sabor a jengibre

ya se deja empuñar
la z materna del río Ohio
sus fábricas de noche electoral
sus almacenes de desasosiego

ya las casas en mí
como remaches sobre el fuselaje
de un avión en el iris de un tornado

y el descenso hacia ti
                          sonrisa izquierda
y el abrigo que me empieza a extrañar

[Ohio River Valley]

now comes the horizon
I can hear its light
                        trip on everything
it leaves my skin with a taste of ginger

now letting itself be gripped
the Ohio River's maternal z
its election night factories
its anxiety warehouses

now the homes in me
like rivets on the fuselage
of a plane in the iris of a tornado

and the descent toward you
                             leftist smile
and the winter coat beginning to miss me

[27 Mallard Pointe]

de súbito en tu casa
                    que ya no reconoces
ni te reconoce peor aún
aunque has dejado fibras de ADN

en todas sus aristas
y has cargado contigo varios cielos
algún fondo de mar
ya ves no te será dado volver

a orillas de este lago imaginado
se olvidará tu lengua
se dirán cosas con letras inútiles

no te quites esa sombra arrugada
ni la mirada zurda
aquí también eres un extranjero

[27 Mallard Pointe]

suddenly at the home
                   you no longer recognize
and worse still doesn't recognize you
though you've left DNA fibers

on all its edges
and you've lugged with you various skies
some sea bottoms
now you know no return for you

at the shores of this imagined lake
your language will be forgotten
things with useless letters uttered

don't shake off that wrinkled shadow
or the leftist gaze
here you're a stranger too

puerto / 1

un corazón discorde
no crees en el sistema donde tienes hogar
nunca te dio un hogar el sistema en que crees
arreas tu ganado tropical

por un maizal helado
y reclinas la cabeza traslúcida
ante los vapores de un majarete
nadie te echó nadie te pidió que te quedaras

cuando te fuiste cuando regresaste
no cayeron en cuenta
todos más desahogados que después

no lates por nostalgia
sino porque el ingenio demolido
acaba de silbar no sé qué hora

port / 1

a heart out of tune
you don't believe in the system where you have a home
the system you believe in never gave you one
you rustle your tropical cattle

through a frozen cornfield
lean back your translucent head
before the steaming dish of majarete
nobody kicked you out nobody asked you to stay

when you left when you came back
they didn't notice
everyone's less cramped than after

you don't beat from nostalgia
but because the sugar mill torn down
just whistled I don't know which hour

puerto / 9

una sábana con un agujero
¿qué hacer con lo que falta?
en su centro deben cantar los gallos
nada se despereza

ni la chica ojerosa
descarnada en el sueño por un tigre
se robaron la nieve las urracas
y el paisaje se ha quedado en los huesos

día rebanado en el filo
                               de otro horizonte
noche en que rompe a hervir la manzanilla

con los nudillos cuentas sinalefas
simbólico algodón lavado a mano
donde nada se lee

a bedsheet with a hole
what to do with what's missing?
in its middle the roosters ought to crow
nothing stretches out

not even the puffy-eyed girl
flesh torn away in the dream by a tiger
the ravens stole the snow
and the landscape's lingered in its bones

day slit on the cutting edge
                                    of another horizon
night where chamomile comes to a boil

with your knuckles you count synalephas
symbolic cotton washed by hand
where nothing is read

[Campanario 158]

ante todo raspar
                todo lo que se ve
la patria está en las claves
el gallo de ciudad que despabila el tráfico

y después dar piqueta
en partes húmedas alardosas
la patria es tierra firme
sostenida por raíces de mangle

en su sed de color la realidad
absorbe lo que el ciego
le procura con las cerdas de equino

puede ser un islote una mujer
y si aprietas un sueño
es siempre requerida la segunda mano

[158 Campanario Street]

first and foremost to scrape away
                              everything you see
the homeland's in the claves
the city rooster waking up traffic

and later to pickaxe
in damp showoff-ish parts
the homeland's solid ground
held up by mangrove roots

in its thirst for color reality
soaks up what the blind man
gets for it with equine bristles

it can be islet a woman
and if you pressure a dream
you always need a second coat of paint

[Paseo del Prado]

este país se nos fue de los pies
y tomó otro camino
                        con su densa rutina
que ni una rumba puede alebrestar

mulatas legendarias
abanican la espera maduras de calor
y chinos hacen cola sonrientes
a las puertas de nada

país de reggaetón doble moneda
estridencia ideológica
donde lo único decente es el sol

país resuelto en ruinas triangulares
sin aire en la escalera
que ya no queda aquí ni regresa contigo

[Paseo del Prado]

this country's gotten out of foot
it took another way
                    with its dense routine
not even a rumba could upset

legendary mulatas
fanning their wait ripe with heat
and chinos in line smile
at the doors of nothing

country of reggaetón dual currency
ideological stridency
where the only thing decent is the sun

country resolute in triangular ruins
breathless on the stairs
no longer here or returning with you

APPENDIX

La experiencia en Estados Unidos significa, para mí, un cambio radical de identidad, colectiva y personal, como ser humano y como poeta.

Por una parte, me hago más cubano en el sentido de saber que, a pesar de la condición de exiliado, trabajo dentro de la cultura creada en Cuba. Una cultura con desarrollos significativos en la música, la danza, las artes visuales, la literatura. Cuando vivía en Cuba, para empezar por casa, no prestaba mucha atención a la poesía cubana. Cuando llego a Estados Unidos, comienzo no solo a leerla sino a estudiarla. Por otra parte, aquí me doy cuenta de la absoluta falsedad del nacionalismo. El nacionalismo es la ideología más perversa de la historia de la humanidad. Cada vez que hay un vacío ideológico, la vemos florecer. Los mayores crímenes se han cometido en nombre de los intereses nacionales. Hasta el nacionalismo cubano, construido en defensa del colonialismo español y el neocolonialismo estadounidense, se basa en la diferencia.

La nueva identidad que desarrollo en Estados Unidos consiste, precisamente, en negar la diferenciación, en afirmar la identificación. Esto implica escribir, en la medida que eso sea posible y lo más posible, desde la otredad. En cuanto al contenido, se manifiesta una obsesión con la naturaleza, que no estaba presente en mi trabajo anterior. Se sabe que la naturaleza es el primer grado de la otredad. No por casualidad es la piedra de toque en la construcción de la nación. La naturaleza, cuando vivía en Cuba, para mí era transparente. En los Estados Unidos se me hace palmaria, insoslayable. Pero no busco escribir sobre la naturaleza, busco escribir desde la naturaleza. El yo poético no se anula sino que se sale de sí, se redefine desde la mirada de la otredad. Además, soy consciente de que "con la contemplación el mundo cambia".

Este cambio de identidad que marca mi experiencia en Estados Unidos tiene profundas implicaciones en la forma. Cada vez con más ahínco, busco una poesía sin bordes. Por eso a la falta de signos de puntuación, presente en mi obra desde sus inicios, se suma la renuncia a las mayúsculas. O sea, dejo que el discurso fluya al no usar las mayúsculas para marcar el inicio o el fin de una unidad de sentido. El principal recurso formal, aquí, es el encabalgamiento. Los versos se encabalgan, las estrofas se encabalgan, los poemas se encabalgan, los libros se encabalgan. En fin, se encabalga no solo el verso sino el universo. También se intentan borrar los bordes lingüísticos, escribir una poesía bilingüe sin usar el inglés, solo en español. Podría afirmar que hoy, cuando escribo, realmente me traduzco. En definitiva, soy consciente de que "la forma es ideológica".

Cuando digo esto sobre mi experiencia en Estados Unidos, no olvido que la poesía siempre se nos va de las manos y toma su propio camino con razones que la razón no entiende.

The experience in the US means, for me, a radical change of identity, both collective and individual, as a human being and as a poet.

On the one hand, I become more Cuban in the sense of knowing that, despite the condition of exile, I work within the culture created in Cuba, a culture with momentous developments in music, dance, the visual arts, literature. When I lived there, to begin at home, I didn't pay much attention to Cuban poetry. When I came to the US, I started to not only read but to study it. Moreover, here I realized the utter falsity of nationalism. Nationalism is the most perverse ideology in history. Whenever there is an ideological vacuum, we see it flourish. The greatest crimes have been committed in the name of national interests. Even Cuban nationalism, constructed to defend against Spanish colonialism and US neocolonialism, is based on difference.

For me, the development of a new identity in the US is precisely to deny differentiation, to affirm identification. This involves writing, to the extent that it's possible and as much as possible, from otherness. In terms of content, what's apparent is an obsession with nature; this was not present in my previous work. We know that nature is the first degree of otherness. Not by chance is it the cornerstone of nation building. When I lived in Cuba, nature was transparent. In the United States it becomes glaring, unavoidable. But I'm not looking to write about nature, I seek to write from nature. The poetic I is not disregarded but redefines itself from the glance of otherness. I am aware that "with contemplation the world changes."

This change of identity that marks my experience in the US has profound implications for form. With ever increasing dedication, I seek a poetry without borders. In addition to the lack of punctuation, which has been present in my work since its beginning, I choose to not use capital letters. In this way, I refuse to mark the beginning or end of a unit of meaning, and thus I let speech flow. The main formal device here is enjambment; the enjambment of verses, stanzas, poems, books; ultimately, enjambment not only of the verse but the universe. I try to delete linguistic borders, to write a bilingual poetry without using English, only Spanish. You could say that today, when I write, I really translate. In other words, I am aware that "form is ideological."

When I say this about my experience in the US, I never forget that poetry always gets out of hand, taking its own path for reasons that reason itself does not understand.

Víctor Rodríguez Núñez
Mount Vernon, Ohio, May 1, 2015

The poems that make up Víctor Rodríguez Núñez's *night badly written*, penned between 2000 and 2015, are a testament to the Cuban poet's unique migratory experience in the U.S. They embody a conscious choice to not pick one nation over another, to be in two places at once, ultimately challenging the perverse ideology of nationalism. At their core is a rethinking of otherness in which identification with memory, the quotidian, and place prevails over any kind of differentiation. The result is a fluid poetic subject who disrespects borders and privileges movement over fixedness.

This rebelliousness is also manifest in form, with the appropriation and subversion of traditional poetic devices in order to push beyond known limits. Whether it be the sonnet (as in *midnight minutes*, *from a red barn*, and *departure*), the traditional ten-verse Spanish stanza known as the décima (in *thaw*) or the long-breath poem (*tasks* and *reverses*), along with the absence of punctuation, upper-case letters, and rhyme, and above all the extensive use of enjambment, it all contributes to a tension that mimics that of the poetic subject's radical resistance to boundaries.

The books these poems belong to have become Rodríguez Núñez's best-received works to date in the Spanish-speaking world. Six out of the seven have been recipients of significant literary prizes, including the coveted Loewe International Poetry Prize, the highest honor an unpublished book of poems in Spanish can receive, and all have been published in numerous editions on both sides of the Atlantic. They've had an impact on contemporary Spanish language poetry, noted in particular by the Argentine poet Hugo Mujica, who has referred to them as "truly bold, a necessary risk, a generous gift." Translators in seven languages are currently working on their versions of a book-length selection of these influential texts.

As the Swedish poet Lasse Söderberg has commented, "Being an independent Cuban poet is hard. Supporter or dissident? There are those few who keep their distance without distancing themselves... Víctor Rodríguez Núñez is one... He doesn't write the way either side expects him to." This is precisely why we need to see more of his innovative work in English. *night badly written* challenges national identities and politics, as well as poetic form, with beauty and experimentation, and in so doing, defies culturally imperialist notions of how Latin Americans "should" write.

And then, how to cross the borders of language? With the same defiance of boundaries found in the original. To avoid the trap of exotification, striking a balance between slang, idioms, the strangeness of certain words unlikely to be associated with what is "typically Cuban," and the similar strangeness of keeping words only a Cuban would understand. Here, there are no endnotes, no italics. This is just one language, a fluidity that mirrors the poet's reluctance to choose just one meaning, just one discourse, just one identity.

Katherine M. Hedeen
Mount Vernon, Ohio, November 1, 2016

The epigraph by Jaime Sáenz used in *"midnight minutes/* four" comes from *The Night*, translated by Forrest Gander and Kent Johnson. Princeton: Princeton University Press, 2007.

The epigraph by César Vallejo in *"from a red barn/* ii" is Clayton Eshleman's version from *The Complete Poetry: A Bilingual Edition*. Berkeley: U of California P, 2007.

The epigraph by Federico García Lorca in *"from a red barn/* vi" is from Pablo Medina and Mark Statman's translation of *Poet in New York*. New York: Grove Press, 2008.

All other translations are the responsibility of the translator.

Víctor Rodríguez Núñez (Havana, 1955) is a poet, journalist, literary critic, translator, and scholar. Among his books of poetry are *Cayama* (1979), *Con raro olor a mundo* (1981), *Noticiario del solo* (1987*), Cuarto de desahogo* (1993), *Los poemas de nadie y otros poemas* (1994), *El último a la feria* (1995), *Oración inconclusa* (2000), *Actas de medianoche I* (2006), *Actas de medianoche II* (2007), *tareas* (2011), *reversos* (2011), *deshielos* (2013), *desde un granero rojo* (2013), and *despegue* (2015). Anthologies of his work have come out in Argentina, Colombia, Costa Rica, Cuba, Ecuador, Mexico, and Spain, most recently *El mundo cabe en un alejandrino* (2015), and *Oración inconclusa* (2016). Book-length translations of his work have been published in Chinese, German, English, French, Hebrew, Italian, Macedonian, Serbian and Swedish, and a wide selection of his poems has appeared in another twelve languages. He has been invited to read his work in more than thirty countries.

His most recent publications in English are *With a Strange Scent of World: Early Poems* (Diálogos, 2014), *thaw* (Arc Publications, 2013), and *tasks* (coimpress, 2016). Translations into English of his work have appeared in *Asymptote, The Brooklyn Rail InTranslation, Circumference, Denver Quarterly, The Kenyon Review, Mid-American Review, New England Review, New Letters, The New York Quarterly*, and *Poetry*, among many others. His poetry has long been the recipient of major awards throughout the Spanish-speaking world, including the David (Cuba, 1980), the Plural (Mexico, 1983), the EDUCA (Costa Rica, 1995); and in Spain, the Renacimiento (2000), the Fray Luis de León (2005), the Leonor (2006), the Rincón de la Victoria (2010), the Jaime Gil de Biedma (2011), the Alfons el Magnànim (2013), and the Loewe (2015). In the eighties, he was the editor of Cuba's leading cultural magazine, *El Caimán Barbudo*, where he published numerous articles on literature and film. He has compiled three anthologies that define his poetic generation, as well as another of 20th century Cuban poetry, *La poesía del siglo XX en Cuba* (2011). He has brought out various critical editions, introductions, and essays on Spanish American poets.

With Katherine M. Hedeen, he has translated poetry from Spanish into English (Juan Gelman and José Emilio Pacheco, among others) and from English into Spanish (Mark Strand and John Kinsella, among others). He co-edits the Latin American Poetry in Translation series for the British publisher Salt and is the co-director of the Mexican literary journal, *La Otra*. He divides his time between Gambier, Ohio, where he is currently Professor of Spanish at Kenyon College, and Havana, Cuba.

Katherine M. Hedeen is a specialist in Latin American poetry and has both extensively written on and translated contemporary authors from the region. Her book-length translations include published collections by Rodolfo Alonso, Juan Bañuelos, Juan Calzadilla, Marco Antonio Campos, Luis García Montero, Juan Gelman, Fayad Jamís, Hugo Mujica, José Emilio Pacheco, Víctor Rodríguez Núñez, and Ida Vitale. She is an associate editor of Earthwork's Latin American Poetry in Translation Series for Salt Publishing, an acquisitions editor for Arc Publications, and a translation editor for *The Kenyon Review*. She is the recipient of a 2009 and a 2015 National Endowment for the Arts Translation Project Grant. She resides in Ohio where she is Professor of Spanish at Kenyon College.